W0083245

Wilhelm Bammessel

Als Weihnachten nach Hause kam

Hoffnungsgeschichten

Hänssler

SCM

Stiftung Christliche Medien

SCM Hänssler ist ein Imprint der SCM Verlagsgruppe, die zur
Stiftung Christliche Medien gehört, einer gemeinnützigen Stiftung,
die sich für die Förderung und Verbreitung christlicher Bücher,
Zeitschriften, Filme und Musik einsetzt.

© 2018 SCM Hänssler in der SCM Verlagsgruppe GmbH
Max-Eyth-Straße 41 · 71088 Holzgerlingen
Internet: www.scm-haenssler.de · E-Mail: info@scm-haenssler.de

Soweit nicht anders angegeben, sind die Bibelverse
folgender Ausgabe entnommen:
Neues Leben. Die Bibel, © der deutschen Ausgabe 2002 und 2006
SCM R.Brockhaus in der SCM Verlagsgruppe GmbH
Witten/Holzgerlingen.
Weiter wurde verwendet:
Lutherbibel, revidierter Text 1984, durchgesehene Ausgabe in neu-
er Rechtschreibung, © 1999 Deutsche Bibelgesellschaft, Stuttgart.

Umschlaggestaltung: Jens Vogelsang, Aachen
Titelbild: fotolia.com, © leekris
Satz: typoscript GmbH, Walddorfhäslach
Druck und Bindung: Finidr s.r.o.
Gedruckt in Tschechien
ISBN 978-3-7751-5861-9
Bestell-Nr. 395.861

Inhalt

Und sie fanden beide

Vorlesezeit: ca. 7 Minuten

Kurz vor zweiundzwanzig Uhr hielt es Jörg nicht mehr aus. Alle Vorbereitungen für den Weihnachtsabend hatten nichts genützt. Trübsinn und Einsamkeit brachen über ihm zusammen.

Dabei hatte er sich die Sache gut überlegt. Nicht mehr als zwei Gläser Wein wollte er trinken, und er hatte sich mit starker Selbstbeherrschung daran gehalten. Hatte nacheinander gelesen, im Internet gesurft, ferngesehen und mit dem Computer Schach gespielt, dazu gute Musik gehört.

Aber immer wieder waren seine Gedanken zu Martina gewandert, mit der er in den letzten Jahren zusammen Weihnachten gefeiert hatte – und nicht nur das. Warum hatte sie nicht aufpassen können? Oder besser: Konnte sie nicht akzeptieren, dass er seine Freiheit genießen wollte? Keine feste Bindung, und schon gar keine Verantwortung für ein Kind. Sie hatte das irgendwie nicht verstanden, vielleicht auch nicht verstehen wollen. War ihm denn etwas anderes übrig geblieben, als die Beziehung zu beenden? Von Abtreibung hatte sie ja ebenfalls nichts wissen wollen, sogar heftig und hysterisch reagiert, als er davon sprach. Nein. Es hatte keine Alternative gegeben für ihn.

So aber war dieses Weihnachten doch sehr öde und fad, ja geradezu grauenvoll. Was sollte er tun? Mitten in diese schweren Gedanken hinein hörte er die Glocken von der nahen Johanneskirche her läuten. Eine Idee sprang ihn an. *Warum eigentlich nicht?*, dachte er. *Bin schon lange nicht mehr in einem Gottesdienst gewesen. Schlimmer als das Alleinsein zu Hause kann es auch nicht sein*, und zog sich an für den Weg – Schirm nicht vergessen, wegen des ekelhaften Regens.

Der Gottesdienst freilich hatte kaum begonnen, als Jörg sich schon wieder unwohl fühlte. Diese Lieder! Diese rührselige Stimmung! Diese Sprache! Am schlimmsten fand er den salbungsvoll-feierlichen Ton, den der Pfarrer bei Begrüßung und Gebet anschlug. Was hatte das alles mit ihm zu tun? Mit seinem Problem? Seinem Alleinsein, seiner Enttäuschung über Martina?

Er war bereits drauf und dran, aufzustehen und zu gehen, als zum ersten Mal jener ältere Herr an das Lesepult trat, der – im Gegensatz zum Geistlichen – eine trockene Nüchternheit ausstrahlte. Mit sachlichem Ton las er einen Text, den Jörg nicht so recht verstand – von Stiefeln und Mänteln war da die Rede und von einer kleinen Stadt – aber darauf kam es ihm gar nicht an. Er empfand es einfach als wohltuend, dass hier jemand war, der sich nicht in eine süßliche Stimmung einhüllte, sondern sich vielmehr auf die Sache zu konzentrieren schien. Dieser weißhaarige Mann war ihm sympathisch. Weil er hoffte, ihn nochmals zu hören, blieb Jörg einstweilen in der Kirche und ertrug auch alles andere nun etwas leichter als vorher.

Tatsächlich trat jener Herr noch dreimal ans Mikrofon, um zu lesen – zuerst zwei fremdartige Texte, schließlich aber die berühmte Geschichte, die Jörg schon oft gehört hatte. Während aber bei den anderen Teilen des Gottesdienstes seine Gedanken weit herumkamen, zwang sich Jörg, bei den Lesungen genau aufzupassen und hinzuhören – weil ihm die sachbezogene Ausstrahlung des Weißhaarigen so guttat.

Bei dieser vierten und letzten Lesung geschah etwas Eigenartiges. Aus den altbekannten und oft gehörten Sätzen der Weihnachtsgeschichte traten auf einmal ein paar Worte hervor, kamen regelrecht auf Jörg zu, ergriffen ihn und ließen ihn nicht mehr los.

»Sie fanden beide, Maria und Josef, dazu das Kind …«[1]

Beide! Nicht nur Maria, auch Josef. Beide! Und wenn heute jemand zu Martina käme? Sie musste ihr Kind inzwischen bekommen haben. Termin war der Achte gewesen. Bei diesem Kind aber würde man nicht beide finden. Sondern nur Martina. Galten diese Worte am Ende ihm? War es denn möglich, dass die Lesung ihn meinte? Beide!

Vom Rest des Gottesdienstes bekam Jörg kaum noch etwas mit. Mechanisch stand er auf, wenn die Gemeinde sich erhob, und setzte sich wieder, wenn es vorüber war. Geistesabwesend schlug er das Gesangbuch auf, ohne überhaupt wahrzunehmen, was da gesungen wurde. Aus der Predigt des Pfarrers konnte er später nicht einen einzigen Gedanken wiedergeben. Er dachte nur immer wieder an Martina, die allein sein würde, und an Josef, der es anders gemacht hatte als er. Aber konnte das denn wirklich der richtige Weg sein auch für ihn, Jörg, der doch gerade erst Schluss gemacht hatte?

Der Gottesdienst war zu Ende. Er hatte es kaum gemerkt. Der ältere Herr stand noch vorne und plauderte mit einer Frau. Jörg fasste sich ein Herz und trat auf ihn zu. Ob er noch einmal diesen Text von vorhin lesen würde? Mit einem etwas verblüfften Ausdruck kam der Weißhaarige der Bitte nach. Ob er es selbst auch einmal sehen könne? »Aber bitte.«

Jörg las. Kein Zweifel. Da stand es, wie er es gehört hatte. *Beide, Maria und Josef, dazu das Kind.*

Er wandte sich erneut an den älteren Herrn: »Sagen Sie ... kann das sein ... gibt es das, dass Gott selbst zu mir geredet hat? Jetzt, vorhin im Gottesdienst, durch die Lesung?« Der Mann und die Frau wechselten einen Blick.

»Doch, das gibt es«, sagte der Weißhaarige.

»So etwas habe ich schon erlebt«, pflichtete die Frau ihm bei.

»Ein paar ganz wenige Male in meinem Leben«, ergänzte wieder der Mann.

Jörg schwieg. Vielleicht hätte er alles abgetan, wenn er nicht so fürchterliche Stunden hinter sich gehabt hätte. So aber wollte er der Frage nicht ausweichen. Dann packte ihn für Sekundenbruchteile ein starker Fluchtimpuls, aber auch der ging vorüber. In seinem Kopf gingen die Gedanken hin und her. Sein Freiheitsdrang kämpfte gegen das Liebesempfinden, Verantwortungsbewusstsein gegen das Lustprinzip.

Doch er spürte so etwas wie einen Vatertrieb in sich. So leicht konnte er dem aber nicht nachgeben. Also wagte er noch eine Frage: »Und wie war das, als Gott zu Ihnen persönlich geredet hat? War das ein einfacher Weg?«

Der Weißhaarige schüttelte bedächtig den Kopf.

»Nein, das kann man nicht sagen. Gerade einfach war Gottes Wille nicht«, meinte er, schränkte aber gleich wieder ein: »Allerdings ...«, er überlegte noch einmal, »vielleicht wäre der andere Weg auch nicht einfacher gewesen. Das weiß ich nicht.«

Mit einem diskreten Zeichen verabschiedete sich die Frau und ließ die beiden Männer allein, wofür Jörg ihr insgeheim dankbar war. Während er noch nachdachte, sprach der Weißhaarige erneut:

»Aber unabhängig davon, welcher Weg denn der einfachere gewesen wäre – ist das denn wichtig? Man wird nicht glücklich dadurch, dass man es einfach haben möchte.«

Jörg schluckte heftig. Das ging doch sehr gegen sein Empfinden. Aber immer noch konnte er seinen Widerstand nicht aufgeben. »Wird man denn dadurch glücklich, dass man das tut, was Gott einem sagt?«, fragte er kritisch. Sein Gegenüber überlegte, schien seine Worte gut abzuwägen.

»Sagen wir es so: Ich habe es nie bereut, wenn ich Gottes Wort befolgt habe. Wenn ich heute sagen kann, dass mein Leben sinnvoll war und ich Erfüllung erlebt habe, dann vor allem deshalb, weil ich damals Gottes Wort gehört und befolgt habe.«

In diesem Augenblick spürte Jörg, dass er jetzt nicht noch einmal der Entscheidung ausweichen durfte. Er bedankte sich kurz bei dem Älteren und verließ die Kirche. Er holte sein Handy hervor, zögerte einen letzten kurzen Moment angesichts der vorgerückten Uhrzeit. Dann wählte er jene Nummer, die er von früheren Zeiten her noch auswendig kannte.

Etwas für mich

Vorlesezeit: ca. 8 Minuten

»Sag mal, was ist denn mit dir los?«, fragte Rainer, als sie wie üblich im Feierabendstau standen. »Dir scheint es ja richtig gut zu gehen. Und das am Montag!«

Lothar lachte. »Das stimmt. Liegt wahrscheinlich daran, dass ich gerade eine wunderbare Woche hinter mir habe.«

»Na hör mal! Die letzte Woche hattest du Urlaub, da geht es einem doch nicht gut, wenn man wieder auf Arbeit muss! Außerdem war doch ein richtiges Sauwetter, und warst du nicht zu Hause?«

»Stimmt.«

»Wie kannst du dann einen schönen Urlaub gehabt haben?«

»Doch, glaub mir. Mir geht es gut. Ich habe nämlich einmal eine ganze Reihe von Dingen nur für mich gemacht.«

Rainer schüttelte den Kopf. »Das macht doch jeder in jedem Urlaub.«

»Das stimmt nicht. Die meisten Leute machen im Urlaub das, wovon sie denken, dass sie es machen müssten. Und oft dienen die Ferien nur dazu, hinterher mit etwas angeben zu können.«

Rainer schwieg eine Weile. Dann meinte er: »So ganz unrecht hast du nicht. Aber nun sag doch lieber, was du denn gemacht hast.«

»Lauter Sachen nur für mich – und meine schöne und geliebte Frau. Zuerst haben wir die beiden alten Kinderzimmer neu eingerichtet ...«

»So eine Arbeit findest du schön?«, unterbrach ihn Rainer.

»Doch, doch. Diese beiden Zimmer lagen uns schon lange auf der Seele. Die Kinder sind längst aus dem Haus und haben inzwischen selbst Familie. Die beiden Zimmer waren nur noch eine Mischung aus Rumpelkammer und Andenkenladen. Meine Frau hat noch mehr darunter gelitten als ich. Schließlich ist sie für das Haus mehr zuständig als ich ...«

»Du stehst daheim wohl unter dem Pantoffel?«, lachte Rainer.

»Das nicht gerade. Aber schließlich habe ich beruflich aufsteigen können, während meine Frau eine lange Pause wegen der Kinder eingelegt hat und nur halbe Tage arbeitet. Da ist es doch ganz recht, wenn sie zu Hause etwas mehr zu sagen hat als ich.

Jedenfalls hat sie unter diesen beiden Zimmern gelitten. Sie musste das immer irgendwie abspalten. Und das ist nicht gut für die Seele. Schließlich habe ich gesagt: Pass auf, den nächsten kleinen Urlaub nutzen wir, um die Zimmer neu herzurichten.

Und das haben wir gemacht. Das eine Zimmer ist jetzt so etwas wie ein Arbeitsraum, damit man nicht alles auf dem Esszimmertisch oder im Keller machen muss. In den anderen haben wir endlich all die vielen Bücher gestellt, die an verschiedenen Orten im Haus standen, wo man so etwas eigentlich nicht haben will. Dann hatten wir noch einen Sessel von der alten Wohnzimmergarnitur übrig – den einzigen, der noch gut ist – und jetzt ist das so eine Art Lesezimmer geworden – sehr nützlich, wenn einer von uns fernsehen und der andere lesen will.

Ich hätte nicht gedacht, dass diese beiden Zimmer so schön werden könnten, aber man hält sich wirklich gerne darin auf. Dabei haben wir nicht einmal etwas Neues kaufen müssen dafür.«

»Und deshalb geht es dir jetzt so gut?«, fragte Rainer zweifelnd.

»Meiner Frau geht es jetzt viel besser, und das wirkt sich natürlich auch auf mich aus.«

»Na, ich weiß nicht …«

»Frag mal deine Frau«, sagte Lothar. »Vielleicht müsstet ihr das einfach auch einmal machen?«

Endlich rollte der Verkehr wieder flüssiger, was die beiden Männer aber nicht davon abhielt, ihr Gespräch fortzusetzen. »Aber es war ja auch nicht das Einzige«, schob Lothar hinterher.

»Also was noch?«

»Als wir die Zimmer hergerichtet hatten, haben wir anschließend entrümpelt. Eine Firma gerufen, die solche Sachen macht, und all das alte Zeug wegschaffen lassen. Das tut gut, sage ich dir!«

»Ich glaube, das kann ich verstehen«, knurrte Rainer. »Wenn ich an all das Gerümpel auf unserem Dachboden und im Keller denke … Ich habe mal den Spruch gelesen: ›Eigentlich bin ich ja froh, dass ich nichts ins Grab mitnehmen kann, denn das ist die einzige Möglichkeit, den ganzen Krempel einmal loszuwerden.‹«

Lothar lachte. »Wir beide haben beschlossen, nicht so lange darauf zu warten. Wir haben schon einmal angefangen.« Sie ließen den Stadtbereich hinter sich und bogen auf die Autobahnauffahrt ein. Lothar wartete einen Moment, bis sie sich eingefädelt hatten, dann fuhr er fort:

»Als Nächstes kamen die beiden Bücher an die Reihe, die ich hatte, die aber nicht wirklich mein Eigentum waren.«

»Also Lothar, dich kann ich mir wirklich nicht als Dieb vorstellen.«

»Danke. Ich hab sie ja auch nicht gestohlen. Die hatte ich ausgeliehen und es aus irgendeinem Grund versäumt, sie zurückzugeben. Sie waren auch nicht besonders wertvoll, zumindest, was den materiellen Wert betrifft. Außerdem war das jetzt alles schon lange her. Was macht man mit solchen Sachen? Mich hat es belastet, aber ich habe mich lange nicht getraut, das in Ordnung zu bringen.

Na, wie auch immer, jetzt habe ich mir ein Herz gefasst. Bei dem ersten Buch wusste ich noch, von wem ich es hatte. Ich habe die betreffende Person angerufen, gefragt, ob er es wiederhaben will, und als er das bejaht hat, habe ich es vorbeigebracht, zusammen mit einer edlen Flasche Wein als Entschuldigungszeichen.

Bei dem anderen Buch ist der ursprüngliche Besitzer inzwischen verstorben, und ich bin sicher, dass seine Erben kein

Interesse daran haben. Das Buch nachträglich zu bezahlen, war mir irgendwie zu blöd – das war die Sache nicht wert. Ich habe überlegt, ob ich einen entsprechenden Betrag spenden soll – bei dieser Vorstellung ging es mir aber auch nicht besser. Ich war ziemlich ratlos, bis meine Frau vorgeschlagen hat, ich solle es wegwerfen, obwohl mir das Buch eigentlich gefällt. Das habe ich schließlich gemacht. Jetzt liegt es mir nicht mehr auf dem Gewissen.«

»Ein richtiges Großreinemachen«, meinte Rainer.

»Stimmt«, sagte Lothar. »Kann ich nur empfehlen. Aber ich bin noch nicht fertig.«

»Noch was?«, fragte Rainer ungläubig.

»Ja, ja. Wo ich schon beim Aufräumen war, habe ich auch in meiner Seele Ordnung geschaffen. Da gab es eine Person, die mir einmal etwas sehr Übles angetan hat…«

»Einen Moment bitte«, unterbrach ihn Rainer, gleichzeitig den Blinker setzend. »Hinter uns übt sich mal wieder jemand in der Kunst des Arschkriechens, den will ich nur schnell vorbeilassen.« Er wechselte auf die rechte Spur, wartete, bis der Drängler überholt hatte, und zog das Auto sofort wieder nach links. »Weiter.«

»Also, jener Mensch hat mir etwas Böses angetan, was mir jetzt seit Jahren nachgeht. Letzte Woche dachte ich, ich will das endlich loswerden. Ich habe mir alles aufgeschrieben, was ich diesem Menschen vorzuwerfen hatte, dann habe ich zu jedem Punkt gesagt: Das war nicht Recht vor Gott und den Menschen. Ich habe das auch begründet, entweder mit dem staatlichen Gesetz oder mit der Bibel. Und dann habe ich es im Namen Jesu vergeben. Als ich fertig war, habe ich den Zettel zerrissen.«

»Sagtest du nicht, du hättest etwas für dich getan?«, fragte Rainer.

»Natürlich! Das habe ich für mich gemacht. Ich wollte diesen Dreck endlich loshaben! Und jetzt ist er weg. Tut richtig gut.«

Die beiden Männer schwiegen eine Weile. Erst als sie die Autobahn schon wieder verlassen hatten, meinte Lothar: »Noch eine Sache habe ich gemacht. Das ist aber auch wirklich die letzte ...«, und schwieg.

»Und was?«, fragte Rainer, als Lothar keine Anstalten machte fortzufahren.

»Ich weiß nicht, ob ich das erzählen soll ...«

»Erst machst du mich neugierig und dann willst du nichts sagen«, lachte Rainer. »Das geht nicht.«

»Na gut.« Lothar zögerte trotzdem noch, ehe er endlich antwortete. »Ich habe eine größere Summe Geld gespendet.«

»Wie bitte?« Rainer schüttelte verwundert den Kopf. »Das ist jetzt aber wirklich nicht für dich, sondern für die anderen!«

»Doch!«, widersprach Lothar. »Auch das war für mich.« Er zögerte einen Moment. »Jesus hat gesagt: Gib dein Geld den Armen, und du wirst einen Schatz im Himmel haben. Und deshalb habe ich das gemacht: Ich will diesen Schatz im Himmel.«

Rainer schluckte kräftig. Eine ganze Menge Fragen bestürmten ihn. Aber inzwischen standen sie vor Lothars Haus, und es drängte beide Männer, endlich heimzukommen. Also verabschiedeten sie sich voneinander mit dem üblichen *Also bis Morgen!*, wobei beide – mir Recht – vermuteten, dass ihr Gespräch wohl noch eine Fortsetzung finden würde.

In Windeln gewickelt

Vorlesezeit: ca. 7 Minuten

»Das ist entwürdigend!« Besänftigend legte die Schwiegertochter ihre Hand auf seine Schulter: »Ja, Opa. Beruhige dich doch!« Der alte Herr aber schimpfte noch lauter: »Das ist entwürdigend!«

»Ja, Opa«. Christa Wiesner seufzte. *Was sollen wir denn machen?*, fügte sie hinzu, allerdings nur für sich.

»Das ist *entwürdigend*!« Dieses Mal schrie er es geradezu heraus. Die Schwiegertochter schwieg.

Was sollte sie auch sagen? Natürlich hatte er recht. Natürlich war das ein ganz bitteres Los. Sie erinnerte sich nur sehr gut daran, wie merkwürdig es war, als sie ihm das erste Mal Windeln anlegen musste. Wie stark hatte sie doch das Unpassende der Situation empfunden! Gleichsam die Mutterrolle übernehmen zu müssen gegenüber diesem Mann, vor dem sie immer Respekt und Hochachtung empfunden hatte.

Wenn es wenigstens der Vater gewesen wäre – der hatte ja schon frühzeitig Hilfe gebraucht. Als sie gerade vierzehn Jahre alt war und die Mutter im Krankenhaus lag, kam er einmal zu ihr: Ob sie ihm sagen könne, wie er denn diese Suppe kochen sollte. In ihrer jugendlichen Unbekümmertheit hatte sie ihn verspottet und sich dafür beinahe eine Ohrfeige eingehandelt. Als sie ihn später besuchte, wusste er nicht einmal, wo die

Mutter den Kaffee aufbewahrte – ja, einen solchen Mann zu pflegen wäre ihr leichter gefallen.

Der Schwiegervater aber war von einem ganz anderen Kaliber. Sie kannte ihn nur als einen selbstständigen und starken Menschen. Nie hatte er sich auch nur bei der kleinsten Kleinigkeit im Haushalt helfen lassen. Ganz im Gegenteil, er hatte ihr, die sich auf ihre Hausfrauenfähigkeiten durchaus etwas einbilden konnte, sogar noch Kniffs beigebracht fürs Kochen *und* Bügeln! Noch bewundernswerter fand sie, mit welcher Liebe er seine Frau nach ihrem Schlaganfall gepflegt hatte.

Oder damals an seinem achtzigsten Geburtstag, kurz nachdem die Schwiegermutter gestorben war. Christa hatte vorgeschlagen, das Fest zu organisieren: zu kochen, zu backen – doch er hatte das abgelehnt: Nein, er wolle das selber machen. Nicht einmal einen Kuchen oder einen Salat durfte sie mitbringen. Gerade einmal beim Abwasch hatte er ihr das Mithelfen erlaubt. Nie, nie, hätte sie sich träumen lassen, dass dieser starke Mann einmal so hilflos werden würde.

Aber dann begann seine Krankheit, und er brauchte Pflege. Sein Körper gehorchte ihm nicht mehr; er verlor die Gewalt über den Verdauungstrakt. Und er war auch nicht mehr fähig, sich selbst die notwendig gewordenen Windeln anzulegen. Geschämt hatte sie sich, als sie ihn das erste Mal wickeln musste. Peinlich war es ihr, für diesen erwachsenen Mann das tun zu müssen, was sie einst für ihre Kinder getan hatte. Wie gerne hätte sie sich davor gedrückt. Doch sie hatte keinen Weg gefunden, sich dieser Aufgabe zu entziehen, die ganz allein ihr vorbehalten war. Wie musste erst er das empfinden? Musste er nicht noch viel mehr darunter leiden?

Wenn er es wenigstens nicht mehr begreifen würde. Doch sein Verstand war immer noch klar – jedenfalls manchmal, wie zum Beispiel heute. Nur gut, dass sie ihren Schwiegervater immer gemocht und geachtet hatte – und sich umgekehrt auch von ihm angenommen und geschätzt wusste. *Sonst würde ich das wahrscheinlich gar nicht schaffen*, dachte sie.

Am schwierigsten waren seine Launen. Eigentlich war es ja verständlich, aber für Christa war es trotzdem kaum zu ertragen. Die Tage, an denen er kaum anzusprechen war, waren leichter. Dann ergab er sich willenlos in sein Schicksal, begehrte nicht auf, dann war die Angelegenheit schnell erledigt. Aber an den Tagen, an denen sein Verstand klar war, da war es eine harte Prozedur. Und heute war es ganz besonders schlimm.

»Warum lässt Gott das zu?« Seine Klage riss sie aus ihren Gedanken. »Warum muss ich so leiden? Warum muss ich mir helfen lassen wie ein kleines Kind?«

Gott? *Gott!* Ja, der Opa war immer ein frommer, gläubiger Mensch gewesen. Bis heute ließ er sich jeden Morgen seine Herrnhuter Losungen vorlesen – und schien sie ehrlich zu bedenken. Wenn doch Gott helfen könnte! Ein stummes Stoßgebet stieg zum Himmel auf: *Herr, hilf!*

Da war es auf einmal, als ob in ihren Gedanken eine Tür aufginge, so wie jemand, der jahrzehntelang in einer Wohnung lebt, plötzlich entdeckt, dass da noch ein weiteres Zimmer vorhanden ist. Vorsichtig, fast tastend trat sie hinein, suchend und doch zugleich findend. Eine Antwort deutete sich ihr an. Sie war es nicht gewohnt, von Gott zu sprechen. Schließlich – so empfand sie – ist der Glaube doch eine sehr persönliche Angelegenheit. Auch hatten Gott, Jesus und Kirche in ihrem Leben meist nur ein Schattendasein geführt.

Aber in diesem Moment fasste sie sich ein Herz und sagte: »Gott hat doch dasselbe ertragen wie du.«

Der Gesichtsausdruck des alten Mannes veränderte sich. Seine Stimme nahm einen harten, fast herrischen Zug an: »Willst du etwa Gott lästern, Christa?« Bei aller Hilflosigkeit – über seinen Glauben ließ er nicht spotten. »Willst du den starken, großen Gott verhöhnen?«

Die Schwiegertochter aber ließ sich nicht beirren. »Denk an Weihnachten, Opa!« Seinem Gesicht war anzusehen, dass er sie nicht verstanden hatte. Vorsichtig tat sie den nächsten Schritt. »Sagst du nicht immer, Jesus sei Gott?« Die Worte waren ihr fast zu groß, beinahe wären sie ihr nicht über die Lippen gekommen.

Doch der Schwiegervater hatte einen größeren Glauben als sie. Er nickte. »Gott ist im Fleische, wer kann dies Geheimnis verstehen«, zitierte er, ohne sich darum zu kümmern, ob ihr die Zeile aus dem Gesangbuch überhaupt geläufig war. »Aber was hat das mit mir zu tun?«

Wieder zögerte sie: »Heißt das nicht, dass Gott ein Kind wurde?« Fragend sah der alte Herr seine Schwiegertochter an. Er schien noch nicht begriffen zu haben. »Denk doch nur, Opa: ein Kind! Weißt du nicht, wie Herbert als kleines Kind war? Und unsere Kinder? Wie die kleinen Würmchen hilflos dalagen. Wenn sie schrien, wusstest du oft gar nicht, was ihnen fehlte. Alles musste man für sie tun. Füttern, trösten, wickeln ...«

»Wie mich«, unterbrach der Opa erbost. Christa ließ sich nicht stören: »Demnach wurde der starke Gott genauso hilflos wie du, als er in Bethlehem geboren wurde.«

Sie schob den Gedanken beiseite, der ihr plötzlich nicht ohne Spott durch den Kopf schoss, dass sie wie ein Pfarrer redete. Sie durfte sich jetzt nicht irremachen lassen. Dann warf sie ihm, fast erschrocken vor der eigenen Kühnheit, die Frage hin: »Willst du etwa mehr sein als Gott?«

Auf einmal war es still im Zimmer. Die Heizung rauschte. Unten hörte man Kinder spielen, aus der Ferne klang der Lärm der Autobahn herüber. Der Großvater sagte nichts, schaute lange Zeit nur die Schwiegertochter an. Dann füllten sich seine Augen mit Tränen.

Christa sah es mit Erschütterung und Betroffenheit. Noch nie hatte sie ihn weinen sehen, nicht einmal beim Tod seiner Frau. Sie ergriff seine Hand. *Jetzt nur nichts sagen*, dachte sie, *kein Wort!*

Es dauerte lange, bis der Tränenfluss des alten Mannes versiegte.

Eine ganze Weile noch hielt Christa die Hand ihres Schwiegervaters, ehe sie losließ. Schließlich entspannte sich sein Gesicht. Eine heitere Gelassenheit gewann die Oberhand, bis er – sie konnte es kaum glauben – lächelte.

»Eigentlich ist es ja eine Ehre, wenn ich genauso hilflos bin, wie Gott es war.«

Sie hörte sich aufatmen.

»Da könntest du recht haben«, antwortete sie erleichtert.

Getröstete Weihnachten

Vorlesezeit: ca. 8 Minuten

Als Bischof Eivind Berggrav Weihnachten 1944 bei flackerndem Kerzenlicht in einer Ferienhütte in Norwegen saß, während ringsum bis zum nahen Wald der Schnee knietief das Land bedeckte, da mochte bei ihm keine rechte Freude aufkommen.

Wir denken vielleicht: Das wäre doch eine großartige Sache: Eine romantische Hütte, weiße Stille ringsumher – käme da nicht so richtig Weihnachtsstimmung auf? Und mancher wird sagen: So würde ich gerne auch einmal das Fest feiern, wenn es doch nur möglich wäre. Doch statt reizvoller Weihnachtslaune griff Finsternis, Angst und Zweifel nach dem Bischof.

Dabei war es nicht die traurige Tatsache, dass er diese Tage fern von seiner Familie unter Hausarrest verbringen musste – das war nun schon zum dritten Mal der Fall, damit hatte er sich abgefunden. Auch dass ihm von den nationalsozialistischen Machthabern das Predigen verboten worden war, wo es ihn als Geistlichen an den Feiertagen eigentlich mit Macht auf die Kanzel zog, um Gottes Wort den Menschen zuzusprechen – mit diesem Problem hatte er ebenfalls umzugehen gelernt.

Nein, es war die Angst vor dem Kommenden: Berggrav wusste, dass der Krieg und damit die Besatzung seiner Heimat durch die Deutschen in den nächsten Monaten zu Ende gehen würden. Aus dem Studium der Geschichte, zu dem er in den vergangenen Jahren leider mehr als genug Zeit gehabt hatte, wusste er, dass eine Gewaltherrschaft wie diese kurz vor ihrem Niedergang noch einmal richtig brutal und rücksichtslos zu werden versprach. Was würde wohl auf sein Volk, seine Kirche, auf ihn und seine Familie zukommen?

Viel schrecklicher noch hatten ihn zwei andere Ereignisse getroffen, die sein Gemüt jetzt wie schwarze Wolken verdüsterten. Zunächst war da die Geschichte mit Ole Hanssen. Dieser gehörte als Polizist zu der Wachmannschaft, der auf ihn aufzupassen befohlen worden war. Da seine Bewacher aber weder zu der deutschen Besatzungstruppe noch zu den norwegischen Nationalsozialisten gehörten, war seine Beziehung zu ihnen im Laufe der Zeit immer besser geworden. Das Wachpersonal hatte sich stets darum bemüht, ihm den Aufenthalt in seinem ›besseren Gefängnis‹ möglichst leicht zu machen. Zu vielen hatte er ein geradezu freundschaftliches Verhältnis entwickelt.

Am liebsten aber war ihm Ole Hanssen geworden, mit seinem freundlichen Wesen und seiner wohltuenden Gelassenheit. Aber jetzt – dem Bischof zog es das Herz zusammen, wenn er nur daran dachte –, jetzt war all das vorbei. Ihm war, als müssten der peitschende Knall des Schusses, der klagende Schrei des Sterbenden für alle Zeiten in seinem Ohr hallen. Vergeblich hatte sich Berggrav bemüht, zu Ole vorgelassen zu werden. Erst als Hanssen schon seinen Geist ausgehaucht hatte, war es ihm gelungen. Später erfuhr er die Geschichte – unsinnig, geradezu lächerlich, wenn man denn über so etwas hätte lachen können. Ein Missverständnis, mehr nicht. Doch der Gestapo-Mann, anscheinend überreizt und unsicher, hatte geschossen. Jetzt konnte niemand mehr mit Ole Hanssen lachen, reden und sich freuen. Wenn er daran dachte, wie bitter dieses Weihnachten für Oles Angehörige sein musste, wie sollte dann er, der Bischof, sich freuen können?

Kaum später hatte ihn der zweite Schlag getroffen. Noch härter, noch schrecklicher – diesmal betraf es sein eigenes Fleisch und Blut: Sein erst neunzehnjähriger Sohn Dag war verhaftet worden, weil er angeblich oder wirklich gegen die Regierung gearbeitet hatte. Furchtbar war die Ungewissheit für Berggrav.

Wenn er doch wenigstens wüsste, dass es die Deutschen waren, in deren Händen sich der Sohn befand – die waren wenigstens auf ihr Ansehen bedacht, dachten zunächst soldatisch und hielten sich deshalb an gewisse Grenzen. Viel schlimmer – das wusste der Bischof ganz genau – waren die norwegischen Nationalsozialisten. Sie würden vor der Folter nicht zurückschrecken. Ob sein junger Sohn eine solche Prüfung bestehen würde, daran hatte der Vater doch seine Zweifel. Und selbst wenn er mit dem Leben davonkam – welchen Schaden würde seine Seele nehmen?

Dies war es, was den Bischof umtrieb, sodass er beim besten Willen keine Weihnachtsstimmung verspüren konnte. Berggrav versuchte alles Mögliche: Zunächst wollte er auf dem Grammophon eine Platte mit Weihnachtsliedern auflegen – doch fast im gleichen Moment fiel der Strom aus. Er versuchte zu beten – es gelang ihm nicht. Eine Stimme in ihm sagte:

Du brauchst es gar nicht erst versuchen. Sie werden ihn trotzdem foltern. Denke an Hanssen: Er ist auch gestorben!

Nicht nur diese Stimme peinigte ihn. Nein, es war ihm, als ob aus dem Dunkel umher ihn immer mehr Fratzen anschauten und bedrängten:

Da siehst du einmal, was du für ein Bischof bist. Anderen kannst du predigen. Wenn es aber an dich kommt, dann kannst du nicht einmal mehr Gott anrufen, schien die eine zu sagen.

Ole Hanssen ist tot. So lohnt es Gott seinen Leuten, flüsterte die nächste Stimme ihm ein.

Du wirst Dag nie mehr wiedersehen, kam es aus der linken Ecke des Zimmers.

Sag dich endlich von Gott los! Wenn es ihn überhaupt gibt, so hilft er dir doch nicht, raunte eine andere Stimme hinter ihm.

Ich muss dem etwas entgegenhalten, versuchte sich Berggrav aufzuraffen. So nahm er schließlich seine Bibel zur Hand, um trotz des schummerigen Lichtes die Weihnachtsgeschichte zu lesen. Doch seine Gedanken waren nur bei Dag und Ole. Wiederum griff die Angst nach ihm.

Herr, hilf!, flüsterte er.

Auf einmal fiel ihm ein Rat ein, den er einst bei Martin Luther gelesen hatte: dass man laut beten solle und nicht nur in Gedanken. *Genau! Das muss ich tun! Laut lesen! Die Lippen bewegen, meine Stimme erschallen lassen, langsam, laut und deutlich, als wenn ich in einer Kirche ohne Mikrofon lesen müsste!*

Es kostete den Bischof eine ungeheure Kraftanstrengung. Vielleicht war es ihm tatsächlich noch nie in seinem Leben so schwergefallen, gegen seine Gefühle zu handeln, gehorsam zu sein trotz aller Empfindung und Stimmung. Er nahm seinen ganzen Willen zusammen und fing an zu lesen: *Es begab sich aber zu der Zeit*...

Seine Stimme, die anfangs geschwankt und gezittert hatte, wurde mit jeder Zeile fester. Konzentriert bemühte er sich, die Worte genau zu artikulieren, deutlich zu sprechen. Seine Ohren hörten die Worte der Schrift. Das langsame Vortragen ermöglichte es, dass das Gesprochene tief in seine Seele eindrang.

Und so las der Bischof: vom Kaiser Augustus und von Josef und Maria, vom Gang nach Bethlehem und von der Geburt. Mit stockender Stimme sprach er die Worte »Krippe« und »kein Raum in der Herberge«. Laut rief er den Satz in das Zimmer hinein: »Euch ist heute der Heiland geboren!«

Je länger der Bischof las, desto stärker wichen die Fratzen zurück. Die Bedrängnis nahm ab. Der Druck auf seiner Brust verlor sich langsam, die Gedanken begannen sich zu ordnen, sein innerer Blick sich auf Christus zu richten. Es wurde still in ihm. Friede kehrte ein. Schließlich war es doch Weihnachten geworden in der Hütte.

Einen Moment lang glaubte der Bischof, er müsse diesen Fratzen noch antworten. Ihnen mit lauter Stimme ein »Nein!« entgegenrufen:

»Nein, ich bin berufen zu predigen, und ich werde es wieder tun, auch wenn ich ein schwacher Mensch bin!«

»Nein, Gott lohnt es dem Ole Hanssen! Ich glaube an die Auferstehung der Toten!«

»Nein! Dag ist in Gottes Hand. Er wird ihn hindurchretten!«

»Nein! Ich sage mich nicht von Gott los!«

Doch er sprach es nicht mehr aus. Das Wort der Heiligen Schrift hatte die Fratzen vertrieben, sie waren fort. Mit ihnen zu sprechen, hieße nur, ihnen eine Bedeutung zuzumessen, die sie nicht verdienten. Friede! Friede!

Eine flackernde Kerze inmitten eines dunklen Raumes – so war es an diesem Heiligabend gewesen. Eine flackernde Hoffnung inmitten einer furchtbaren Finsternis – so war das Weihnachtsfest 1944 in diesen grausamen Wochen der Ungewissheit. Erst als der Bischof erfuhr, dass sein Sohn sich in der Gefangenschaft der deutschen Besatzer befand, sollte sie sich legen.

Wenn Bischof Berggrav sich später an dieses Weihnachtsfest erinnerte, dann vermochte er nicht zu sagen, was denn eigentlich den Umschwung ausgelöst hatte: War es die Vertrautheit der Worte gewesen? War es der Satz »Kein Raum in der Herberge«, der ihn daran erinnert hatte, dass Christus selbst in die tiefsten Tiefen der Not herabgestiegen war? Lag es daran, dass das laute Lesen so viele Sinne anspricht – viel, viel mehr als das stille? Oder an der bewussten Entscheidung seines Willens?

Er wusste es nicht.

Nur eines war ihm ganz deutlich geworden an jenem Abend: dass der Glaube nicht auf Gefühlen ruht, nicht auf einer Stimmung aufbaut, sondern aus dem Gehorsam lebt. Auch an Weihnachten in einer verschneiten Hütte in Norwegen.

Damit du mir endlich glaubst

Vorlesezeit: ca. 6 Minuten

»Du liebst mich nicht!«

Schrill und verzweifelt klangen die Worte, die die Frau ihrem Mann entgegenschleuderte.

»Aber freilich liebe ich dich.« Der Mann kannte den Verlauf dieses Gesprächs inzwischen schon sehr gut. Es machte ihn innerlich tieftraurig.

»Du kannst mich gar nicht mehr lieben – seit… seit damals!«

Der Mann wartete ab. Schweigend. Er wusste, dass jede Debatte zwecklos war. Was hatte er nicht schon alles versucht! Es war alles vergeblich gewesen.

Wie schön war doch die Zeit gewesen vor jenem unglückseligen Ereignis. Sehr gut erinnerte er sich an den Tag, an dem er seine Frau in ihrer ganzen Schönheit vor den Traualtar geführt hatte. Und wie schön waren die ersten Jahre ihrer Ehe gewesen. Welche Freude hatten sie gemeinsam gehabt an den zwei Kindern, die sie ihm geschenkt hatte, wie er sich auszudrücken pflegte. Bis – ja, bis zu jenem Tag, an dem es geschah. An dem ihr Glück zerstört wurde.

An jenem Tag hatte seine Frau einen Unfall. Eigentlich nichts besonders Schweres. Nicht eine Minute lang hatte sie in Lebensgefahr geschwebt, und schon kurze Zeit später konnte sie wieder voll arbeiten. Aber jetzt ging eine große, hässliche Narbe quer über ihre rechte Wange. Fast hätte sie hatte ihr rechtes Auge komplett verloren. Aber die Ärzte hatten es so weit geschafft, ihr Augenlicht zu retten. Das Lid allerdings, auch die Wimpern und die Braue, konnten nicht in ihrer ursprünglichen Schönheit gerettet werden. Der Anblick der Wunde war so unerfreulich, dass seine Frau seitdem meistens mit einer Augenklappe herumlief. »Wie ein Seeräuber«, pflegte sie in düsteren Stunden zu sagen.

So schlimm dieses Unglück war, viel schlimmer war es, dass die Frau seitdem überzeugt war, dass er sie nicht mehr lieben könne. Jetzt, wo sie so entstellt, ja verabscheuenswürdig aussah. Nichts, gar nichts an seinem Verhalten gab zu dieser Vermutung Anlass. Nur sie selbst konnte es sich nicht vorstellen. Es schien ihr unvorstellbar, dass er sie trotz ihres Makels immer noch so liebte wie vorher. Er hatte sich sehr bemüht, ihr das zu zeigen. Natürlich war er traurig gewesen über dieses Unglück und natürlich trauerte auch er um die teilweise verlorene Schönheit seiner Frau. Aber seiner Liebe hatte dies keinen Abbruch getan.

Eines freilich, nur eines tat dem Mann wirklich weh: dieses Gejammere seiner Frau, dass er sie doch nicht mehr liebe. Es war ihm auf die Dauer schier unerträglich geworden, hier ständig im Widerspruch zu sich selber stehen zu müssen. Wer kann das schon ertragen: wenn man einen Menschen so liebt, dass man alles für ihn geben würde, und von diesem Menschen ständig hören musste, dass man ihn nicht liebe?

Was hatte er nicht alles versucht, sie zu überzeugen: Er hatte ihr Geschenke gemacht, viel größere als je zuvor. Es war wirkungslos geblieben. Immer wieder hatte er seiner Frau ihre Vorzüge vorgehalten, hatte gesprochen von der Schönheit ihrer Haare und ihres Körpers, hatte geschildert, wie sehr er sich über ihr Lachen freue und über den Klang ihrer Stimme. Ihre Klugheit und ihren Charme hatte er gerühmt, ihre Kochkünste und ihre Mutterliebe. Es war alles vergeblich gewesen. Auch der Hinweis, dass er doch wohl die Mutter seiner Kinder lieben müsse, hatte keine Wirkung gezeigt.

Dann aber war ihm in einer Nacht – in einer dieser Nächte, in denen er vor Kummer nicht hatte schlafen können – ein Gedanke gekommen. Es war ein aberwitziger Gedanke, der ihn aber nicht mehr losließ. Und so saß er nun an diesem Abend, nach jenem Gespräch in seinem Arbeitszimmer, mit finsterer Miene und einem merkwürdig entschlossenen Zug um die Lippen. Die Tür hatte er vorsorglich verrammelt. Zugleich hatte er aber allen gesagt, er sei nicht zu Hause. Vor ihm auf seinem Schreibtisch lag es. Das Messer.

Sollte er wirklich? War es nicht völlig gegen den gesunden Menschenverstand?

Die Liebe ist größer als der gesunde Menschenverstand. Das hatte sein Onkel immer gesagt, der eine merkwürdige, aber glückliche Ehe geführt hatte. *Die Liebe ist größer als der gesunde Menschenverstand,* wiederholte er im Stillen und dachte an seine Frau. Er wollte ihren Unglauben nicht mehr länger ertragen. Diese unberechtigten Vorwürfe gingen über seine Kraft.

Er konnte und wollte auch nicht länger ohne seine geliebte Frau leben, das wusste er ganz genau.

Die Liebe ist größer als der gesunde Menschenverstand. Er ergriff das Messer – und ließ die Schneide einmal quer über sein Gesicht gleiten.

Als seine Frau ihn am nächsten Morgen zum ersten Mal ansah, wurde sie blass. Sie fing an zu zittern. In Schockstarre zog sie mechanisch einen Stuhl heran, um nicht vor Schwäche umzufallen.

»W..., wa... was ist geschehen?«, stammelte sie.

»Ich habe mir einmal quer über mein Gesicht geschnitten«, antwortete der Mann seelenruhig, als sei das die selbstverständlichste Sache der Welt. »Damit du mir endlich glaubst, dass ich dich immer noch liebe.«

Damit du mir endlich glaubst, dass ich dich liebe.

Es gibt vieles, was man aus dieser Geschichte lernen könnte: Zum einen, dass Liebe auch geglaubt werden muss. Dass die größte und schönste Liebe nichts nützt, wenn das Gegenüber nicht auf sie vertrauen kann oder will. Zum anderen, wie sehr jemand darunter leiden kann, dass der geliebte Mensch seinem liebevollen Blick nicht glaubt.

Diese Geschichte mag auch eine Erinnerung daran sein, dass Liebe sich gelegentlich einmal beweisen muss. Wem müssen Sie Ihre Liebe wieder einmal zeigen? Dem Ehepartner, dem Freund, den Eltern, den Kindern oder irgendeinem Menschen aus Ihrer Umgebung, der dringend einen Liebesbeweis braucht?

Im Kern aber will diese Geschichte etwas ganz anderes sagen. Sie ist ja in Wahrheit nur ein Bild, ein Bild für die Liebe Gottes. Wie hat der Mann seine Frau überzeugen können? Indem er so geworden ist wie sie, indem er ihr gleich wurde. Genau das hat Gott für uns getan. Er hat es nicht ertragen, dass wir Menschen seine Liebe nicht glauben können oder wollen. Und um uns zu überzeugen, ist er geworden wie wir, ist er uns gleich geworden, ist er Mensch geworden.

Das feiern wir an Weihnachten: Dass Gott uns gleich geworden ist, damit wir seine Liebe glauben, *endlich* glauben.

Damit du mir endlich glaubst, dass ich dich liebe.

Glauben Sie's? Denken Sie an das Kind in der Krippe. Dann können Sie's glauben.

Ein heiterer November

Vorlesezeit: ca. 9 Minuten

Liebe Charlotte!

Als wir uns vor einigen Tagen auf dem Friedhof getroffen haben, warst du ganz erstaunt, dass es mir so viel besser zu gehen scheint als dir. Du meintest, mit mir wäre es wie mit dem diesjährigen November: Man erwarte unfreundliches, düsteres, regnerisches Wetter, das einen trübsinnig mache – stattdessen scheine die Sonne, es sei heiter, die Luft klar, dass man richtig Spaß daran habe, ins Freie zu gehen.

Du konntest nicht verstehen, dass ich nicht viel trauriger wirke, wo doch mein lieber Walter erst vor einigen Monaten so plötzlich und rätselhaft verstorben sei. Du jedenfalls seist noch lange nicht über den Tod deines Mannes hinweg, obwohl er doch schon viel länger tot ist. Und schließlich sei ich doch ein nachdenklicher, empfindsamer Mensch – mehr als du – und keiner, der das Leben leichtnehme. Ein wenig misstrauisch hast du mich gefragt, ob ich denn in so kurzer Zeit schon wieder einen Freund gefunden hätte – es klang fast wie ein Vorwurf.

So habe ich mir gedacht, ich müsste dir doch sagen, was mir geholfen hat, dass ich wenigstens teilweise wieder Frieden gefunden habe. Es fällt mir nicht leicht, denn du bist die Erste, der ich es erzähle. Aber ich will es versuchen – auch auf die Gefahr hin, dass du mich nicht verstehen wirst.

Der Schlüssel zu meiner relativen Zufriedenheit heißt *Dank*. Ich weiß, es klingt komisch, aber es ist so. Ich habe gelernt, die Dinge etwas anders zu sehen als bisher. Zunächst geht es mir nämlich ähnlich wie dir: Es tut weh. Diese Lücke neben mir tut fürchterlich weh. Es kommt mir vor, als ob ein Stück aus mir herausgerissen worden wäre. Mir fehlt etwas.

Wenn ich morgens aufwache und meinem Walter etwas Liebes sagen möchte – und da ist niemand neben mir.

Wenn ich spazieren gehe – und ich bin allein, kann niemand auf den schönen Himmel hinweisen oder auf den Hasen, den ich am Waldesrand entdeckt habe. Jetzt wo er nicht mehr da ist, merke ich erst, wie viel mir mein Mann bedeutet hat.

Aber merkwürdigerweise ist mein nächster Gedanke immer ein anderer: Es war schön, dass wir einander hatten. Ich bin dankbar für die vielen Jahre, die wir miteinander teilen durften. Und sogar für den Schmerz bin ich dankbar. Denn er zeigt mir, dass wir uns wirklich geliebt haben, dass unsere Ehe einen Wert hatte. Dass ich mich und meine Liebe nicht weggeworfen habe, sondern sie – entschuldige bitte dieses Bild – wie Geld geworden ist, das man auf ein Sparbuch legt: Sie hat viele, viele Zinsen abgeworfen. Dass es wehtut, zeigt mir, dass es sich gelohnt hat und dass unsere Ehe alle Mühe und Schmerzen wert war, die ich daran aufgewendet habe. Ja, der Schmerz zeigt mir, wie reich mein Leben doch gewesen ist.

Und so mache ich jetzt etwas ganz anderes, wenn mich wieder einmal der Kummer packt: Ich setze mich hin und danke Gott. Ich versuche, mich an die vielen schönen Begebenheiten zu erinnern, und dann danke ich ihm, dass er uns das geschenkt hat.

Du wirst jetzt wahrscheinlich sagen, dass du noch einen anderen Schmerz kennst: jenen Schmerz, der kommt, wenn du daran denkst, was noch alles hätte sein können. Wenn du dich an die Dinge erinnerst, die besser hätten sein dürfen:

Warum haben wir nie diesen Urlaub gemacht, den wir uns beide immer gewünscht haben? Warum haben wir uns nicht viel öfter in den Garten gesetzt, einfach Zeit füreinander gehabt, Tee miteinander getrunken, das schöne Licht genossen? Wäre das nicht viel wertvoller gewesen als so mancher Unsinn, mit dem man die Tage und Wochen ausgefüllt hat? Und wäre nicht schon die erste Liebe viel schöner gewesen, wenn usw. Kurz: Der Schmerz über das, was wir versäumt haben, über die verpassten Gelegenheiten und die gemeinsame Zeit, die noch vor uns gelegen hätte und die uns nun gestohlen wurde.

Ja, diese Art der Trauer kenne ich auch. Aber auch hier habe ich einen ganz merkwürdigen Trost gefunden, der dir vielleicht fremd sein mag. Du musst wissen, dass ich inzwischen wirklich von Herzen ein gläubiger Mensch geworden bin, soweit ich das Recht habe, dies von mir selbst zu sagen. Ich habe gelernt, das ernst zu nehmen, was im Glaubensbekenntnis gesagt wird: *Ich glaube an die Auferstehung der Toten.*

Ja, ich vertraue darauf, dass nach dem Tod noch etwas kommt, sogar etwas Besseres kommt, weil Jesus bereits wieder auferstanden ist. Das tröstet mich, wenn ich an meinen geliebten Walter denke. Ich vertraue darauf, dass er jetzt bei Gott ist.

Aber es hilft mir auch, wenn ich an all das denke, was wir beide versäumt haben – wir hatten ja keine Kinder und haben uns auch sonst manch Schönes nicht gegönnt. Weißt du, mit dem Leben nach dem Tode ist es wie mit Essen und Trinken – du als hingegebene Gastwirtin musst das ja wissen: Nie freut man sich so aufs Essen, als wenn man so ein richtiges Loch im Magen hat. *Hunger ist der beste Koch*, sagt schon das Sprichwort. Wenn man aber keinen Appetit hat, dann isst und trinkt man auch nicht.

Weißt du: Wenn ich in diesem Leben alles hätte, was man so haben kann, dann wollte ich doch gar nicht mehr in den Himmel. Wer voll ist, will nichts mehr essen. Wer von diesem Leben satt geworden ist, will keine Auferstehung.

Wenn mich also nun der Gedanke überfällt, dass Walter und ich doch noch dieses erleben hätten müssen oder jenes Glück uns nicht vergönnt war – und so etwas denke ich fast jeden Tag –, dann bekomme ich Sehnsucht und Hunger nach noch mehr Leben, noch mehr Liebe: nach dem Himmel. Und dieses Verlangen hätte ich nie, wenn alles immer nur schön und gut gewesen wäre. Und dann, dann danke ich Gott, dass es eine Auferstehung gibt und dass er mir diese Sehnsucht schenkt. Denn wenn ich diesen Hunger verspüre, dann denke ich nur noch eines: Ich will so leben, dass ich nach dem Tod einmal bei ihm bin. Und ich habe erlebt, dass das ein gutes Lebensprinzip ist.

Nun kenne ich noch einen dritten Schmerz – den du vielleicht nicht erleben musst. Manchmal denke ich nämlich auch an das Schlimme, das zwischen mir und Walter passiert ist. Du weißt wahrscheinlich – obwohl ich es dir nie erzählt habe –, dass Walter über etliche Jahre hinweg getrunken hat. Was das für die Angehörigen bedeutete, kann niemand so recht ermessen, der es nicht selbst erlebt hat. Aber du ahnst zumindest, dass es mir das Leben oft sehr, sehr bitter gemacht hat. Wie viel Leid lag doch in jenen Jahren über unserer Ehe. Wie weh hat es mir doch getan! Und so manches Mal habe ich dann auch meinem Mann wehgetan, ihn gekränkt und nicht wertgeschätzt. Natürlich habe ich sehr viel falsch gemacht. Als er schließlich trocken wurde und ich mit ihm in die Selbsthilfegruppe ging, da wurden mir erst die Augen geöffnet, wie unsinnig, wie schädlich mein Verhalten oft gewesen war. Wenn ich heute an diese Zeit denke, zerreißt es mir fast das Herz.

Ich glaube, von allen Dingen, die mich traurig machen, ist dies das Schlimmste. Gewiss, er hat es überwunden – Gott sei Dank! – und danach hatten wir doch eine überwiegend schöne Zeit, aber damals ... Da hat man einen Mann lieb und er mich, und man tut sich ständig nur weh und ist unglücklich miteinander. Oft fühle ich mich schuldig. Und noch öfter möchte ich ihm Vorwürfe machen, bittere Vorwürfe – doch gleich darauf habe ich wieder ein schlechtes Gewissen deswegen.

Aber auch hier hilft mir mein Glaube und das Danken. In der Suchthilfegruppe hat eine Frau einmal den Kirchenvater Augustinus zitiert. Der hat gesagt: »Oh glückliche Schuld!« Gemeint ist: Wenn Adam und Eva nicht gesündigt hätten, hätten wir nie erlebt, dass Gott eine so große Liebe zu uns hat, dass er sogar seinen Sohn für uns gegeben hat.

So ähnlich geht es mir. Ich denke mir auch manchmal: *Oh glückliche Schuld!* Wenn ich nicht wüsste, wie weh das tut, würde ich nie wissen, wie schön Vergebung ist. Und wenn es zwischen uns immer gut und richtig gewesen wäre, wüsste ich gar nicht, wie großartig das ist, dass Jesus meine Sünde getragen hat. Jetzt weiß ich auch, dass am Ende nicht die Liebe zwischen Mann und Frau allein uns glücklich macht, sondern die Liebe Gottes zu uns Menschen.

Ich weiß: Diese Gedanken sind dir vielleicht völlig fremd. Möglicherweise fehlt dir auch der Glaube daran. Aber ich musste dir doch erklären, warum mein November heiter und hell ist – und vielleicht hilft es ja auch dir?

Ich denke, für heute ist es genug. Natürlich weiß ich nicht, ob du mit meinen Überlegungen etwas anfangen kannst und ob dir meine Erfahrung etwas hilft, vielleicht brauchst du ja etwas ganz anderes.

Auch will ich nicht verschweigen, dass ich natürlich trotzdem kämpfe. Nicht immer sind Glaube, Dank und Zuversicht stärker als Trauer, Schmerz und Kummer. Ich weine noch oft. Und trotzdem – wie du schon sagst: Sogar im November kann es licht und hell sein.

Ein Letztes noch: Sosehr mich mein Glaube tröstet: Es ist nicht schön, allein einen Ausflug zu machen oder wandern zu gehen. Einen neuen Freund habe ich nicht schon wieder – dafür habe ich im Moment wirklich keinen Kopf, weiß auch nicht, ob ich das überhaupt noch einmal will. Aber mit einer lieben Freundin wäre es vielleicht doch schöner. Mir scheint, dass wir beide uns helfen könnten – was denkst du? Meine Telefonnummer steht auf dem Briefkopf. Wenn du Lust hast, melde dich doch einfach!

Alles Liebe

Deine Leni

Das gerettete Brandscheit

Vorlesezeit: ca. 15 Minuten

Sie saßen da und schauten ins Kaminfeuer. Über eine halbe Stunde schon hatten die beiden Männer kein Wort miteinander gewechselt, weil jeder seinen Gedanken nachhing: Ernst Kurz, Studiendirektor und Kirchenvorsteher, dachte an die letzte Sitzung des Vertrauensausschusses und an den merkwürdigen Vorschlag, der dort gemacht worden war. Sein Freund Axel von Kesseling, von Beruf Künstler, überlegte, wie er einen bestimmten Auftrag umsetzen könnte, den er erst kürzlich erhalten hatte. Von Kesseling suchte immer nach einer zündenden neuen Idee.

Die beiden Freunde verstanden sich auch ohne Worte. Keiner von ihnen störte sich an dem Schweigen. Zudem tat es gut, einfach nur dazusitzen und ins Feuer zu schauen. Wie es ständig in Bewegung war, stets sich verändernd und doch irgendwie gleichbleibend.

Diagonal, von einer Ecke zur anderen, lag ein mächtiges Holzscheit im Kaminfeuer, eine gute Handspanne breit. Es hatte noch nicht Feuer gefangen, obwohl es die Flammen von beiden Seiten umtanzten und an ihm leckten. Es dampfte gewaltig.

Aus dem Nachbarzimmer drangen Stimmen und Gelächter. Ihre beiden Frauen schienen die Gesprächsanteile ihrer Männer mit übernommen zu haben! Lebhaft ging es zu, drüben im Esszimmer. Auch sie verstanden sich hervorragend, längst hatten sich ihre Ehefrauen angefreundet. Es duftete warm nach Fröhlichkeit, Freundschaft und Glühwein.

Es war so weit: An den Rändern begann das große Holzscheit dunkler, ja schwarz zu werden. Aus dem großen Spalt in der Mitte, der sich gebildet hatte, quoll nicht mehr der typisch weiß-bläuliche Dampf, der von der verdunsteten Feuchtigkeit herrührte. Jetzt stieg dunkler Rauch auf. Fast schwarz, und sehr undurchsichtig. Schon züngelten die ersten Flammen aus dem Riss. Da sprang der Künstler auf und beendete laut und abrupt die Stille.

»Halt!«, rief er. »Das ist es! Jetzt weiß ich es!«

Auf den fragenden Blick seines Freundes wurde von Kesseling eifrig: »Schnell, eine feuerfeste Unterlage! Dieses große Scheit muss aus dem Feuer! Komm, frag nicht lange. Ich erklär's dir später. Los, beeil dich!«

Als schließlich das mächtige Holzstück aus dem Feuer gerettet war und leicht angekohlt zwischen ihnen in einer Art Metallkorb lag, begann Axel zu erklären. Er erzählte von dem merkwürdigen Auftrag, den er erhalten hatte, Heilige und große Glaubenshelden in evangelischer Sichtweise zu gestalten. Nicht die großen Taten sollten im Vordergrund stehen, nicht die Hingabe an Gott oder die glaubende Haltung – nein: Als Gerettete sollten diese Menschen erscheinen.

Martin Luther, Paul Gerhardt, einige der Apostel und noch andere. Schon lange habe er darüber nachgedacht, wie er das darstellen solle. Aber jetzt wisse er es: Diese Figuren mussten aus Holzstücken geschnitzt oder geschlagen werden, die aus dem Feuer gerettet worden waren. Und man musste ihnen das noch ansehen.

Ernst Kurz wollte das nicht so recht ernst nehmen: »Geht das überhaupt? Kannst du so ein Stück Holz überhaupt noch bearbeiten?«

»Da gibt es bestimmt eine Lösung«, war die gelassene Antwort des Künstlers. »Du weißt doch, dass ich mir gerne neue Techniken einfallen lasse. Wie ich das mache, werde ich schon noch sehen.«

Aus dem Feuer gerettet – Ernst Kurz murmelte vor sich hin. »Wenn du damit sagen willst, dass sie vor dem Höllenfeuer gerettet worden sind, dann dürfen sie nicht schon gebrannt haben. Die Hölle – wenn es denn eine solche überhaupt gibt – liegt doch noch *vor* den Menschen und nicht hinter ihnen.«

»Wirklich? Also ich finde, dass es viel Hölle auf Erden gibt, Ernst. Denk doch nur an die Kriege, die Folterkammern weltweit, oder die Konzentrationslager.«

»Luther zum Beispiel war doch gar nicht im Krieg, und auch nie in Gefangenschaft.«

Der Künstler ließ sich nicht beirren: »Gerade Luther war in einer Art Hölle. Denk doch an sein Lied: *Die Angst mich zur Verzweiflung trieb, dass nichts als Sterben bei mir blieb. Zur Hölle musst' ich sinken.* Du wirst zugeben müssen: Das hört sich so an, als hätte Luther sehr wohl ein Stück Hölle erlebt.«

Verwundert sah sein Freund ihn an: »Du kennst dich ja besser aus, als ich dachte. Aber eins muss ich sagen: Ihr Künstler habt schon komische Ideen!«

Von Kesseling lachte: »Von wegen komische Ideen. Das habe ich aus der Bibel! Aus dem Propheten Sacharja.« Der Studiendirektor schaute noch verblüffter. »Kennst du die Vision Sacharjas über den Hohen Priester Jeschua?«

Und als Kurz mit dem Kopf schüttelte, fügte der Künstler schelmisch hinzu: »Ich denke, du bist Obergemeindevorsteher, oder irgend so etwas.«

»Vertrauensmann des Kirchenvorstands«, verbesserte ihn Ernst Kurz. »Und zu meiner Verteidigung: Deshalb kenne ich nicht die ganze Bibel auswendig!« Aber ärgerlich war Kurz eigentlich nicht, dass sein Freund besser Bescheid wusste. Dafür war er viel zu neugierig: »Wie bist du denn darauf gekommen?«

»Ganz einfach: Ich habe aus der Konkordanz alle Stellen herausgesucht, in denen das Wort *retten* vorkommt, und dann die Stellen nachgeschlagen. Ich wollte wissen, welche Bilder die Bibel selbst verwendet. Aber wirklich: Du solltest diesen Text unbedingt einmal lesen. Sacharja zwei oder drei oder so um den Dreh.«

Ernst Kurz holte seine Bibel, suchte und fand die Stelle, auch den angegebenen Abschnitt. Da kamen die beiden Frauen herein. Er legte ein Lesezeichen ein und schloss die Bibel wieder. Jetzt brauchte er nicht weiter zu lesen, später würde er dafür mehr Ruhe haben.

Zwei Stunden später, als die von Kesselings gegangen waren und seine Frau in der Küche noch die letzten Spuren des gemütlichen Abends verräumte, holte Ernst Kurz seine Bibel wieder hervor, schlug sie auf und las.

Dann zeigte der Herr mir Jeschua, den Hohen Priester, der vor dem Engel des Herrn stand. Zur Rechten des Engels stand der Satan und verklagte Jeschua.

Und der Herr sprach zum Satan: »Ich, der Herr, weise deine Klagen zurück, Satan. Ja, der Herr, der Jerusalem erwählt hat, weist deine Klagen zurück. Dieser Mann ist wie ein Holzscheit, das aus dem Feuer gerissen wurde.«

Jeschua trug schmutzige Kleider, als er vor dem Engel stand. Deshalb sagte der Engel zu den anderen, die vor ihm standen: »Zieht ihm die schmutzigen Kleider aus.« Und zu Jeschua sagte er: »Hiermit habe ich deine Sünde von dir genommen und lasse dir jetzt festliche Kleider anziehen.«

Da bat ich: »Sie sollen ihm auch einen reinen Turban aufsetzen.« Da setzten sie ihm einen reinen Turban auf und zogen ihm prächtige Kleider an, während der Engel des Herrn danebenstand.

Dann sagte der Engel des Herrn feierlich zu Jeschua: »So spricht der Herr, der Allmächtige: Wenn du dich an meine

Wege hältst und meinen Dienst recht versiehst, sollst du meinen Tempel verwalten und auf die Sicherheit in meinen Vorhöfen achten. Dann gewähre ich dir zusammen mit denen, die hier stehen, Zutritt zu mir. Hör doch, Jeschua, du Hoher Priester: Du und die anderen Priester, die vor dir sitzen, ihr seid ein Zeichen, denn schon bald werde ich meinen Knecht, den Spross, auftreten lassen. Seht den Stein, den ich vor Jeschua hingelegt habe: Es ist ein einziger Stein mit sieben Augen. Ich werde ihn mit einer Inschrift versehen, spricht der Herr, der Allmächtige, und ich nehme die Sünde dieses Landes an einem einzigen Tag weg. Und an jenem Tag, spricht der Herr, der Allmächtige, werdet ihr euch gegenseitig unter euren Weinstock und euren Feigenbaum einladen.«[2]

———

Ernst Kurz musste die Passage zweimal lesen. Als er alles zu Ende gelesen hatte, fiel ihm auf einmal Jonas Schmidt ein. Es war ihm, als hätte ihm jemand einen Eimer eiskalten Wassers über den Kopf geschüttet.

Der Hohe Priester Jeschua. Hoher Priester!

Angelika Schneider hatte Jonas Schmidt diese Woche als Kandidaten für den Kirchenvorstand vorgeschlagen. Ein ungewöhnlicher Gedanke!

Zur Rechten des Engels stand der Satan und verklagte Jeschua.

Von allen Seiten waren Einwände gekommen, teilweise auch böswillige Anschuldigungen, nur Gerüchte. Die Stimmung unter den Kirchenvorständen war am Brodeln: »Der hat doch mindestens zwei uneheliche Kinder! Und das, als er schon verheiratet war. Wisst ihr noch, wie der gesoffen hat? Hatte seine Frau nicht immer wieder blaue Flecken? Angeblich ist er vorbestraft wegen fahrlässiger Tötung, weil er in Trunkenheit einen Unfall gebaut hat, mit einem Toten! Hat er nicht noch heute einen Haufen Schulden? Was sagen denn die Leute, wenn wir so einen auf die Liste setzen?«

Und der Herr sprach zum Satan: »Ich weise deine Klagen zurück.«

Angelika hatte darauf hingewiesen, dass dies alles vorbei sei. Jonas habe sich wirklich bekehrt – und das stimmte auch. Ernst Kurz wusste es. All das sei doch vorüber. Inzwischen leite er die Selbsthilfegruppe. Seine Ehe sei doch jetzt in Ordnung gekommen.

Dieser Mann ist wie ein Holzscheit, das aus dem Feuer gerissen wurde.

Er sah es wieder vor sich, dieses große Scheit, das Axel aus dem Feuer gezogen hatte. Verkohlt, aufgesprungen und dennoch sollte aus ihm ein Kunstwerk werden. Doch, dieses Bild passte auch zu Jonas Schmidt. Aus dem Feuer gerettet, aus der Hölle auf Erden. Wirklich bekehrt. Man sieht ihm die Folgen noch an. Und dennoch ist etwas Wertvolles aus ihm geworden.

Ein Brandscheit, das aus dem Feuer errettet ist.

Jeschua trug schmutzige Kleider.

All das hängt Jonas noch an. Die Sucht, die Prügel, der Unfall. Er hat keine weiße Weste. Lauter Flecken.

Deshalb sagte der Engel: »Zieht ihm die schmutzigen Kleider aus. Hiermit habe ich deine Sünde von dir genommen und lasse dir jetzt festliche Kleider anziehen.«

Ist das nicht schon passiert? Hat Jesus ihm nicht die Sünde abgenommen? Hat Jonas nicht schon ein neues Gewand an, eine frisch gereinigte Weste, die jetzt wieder strahlend weiß ist?

Oder müssen wir das jetzt machen, indem wir ihn als Kandidaten aufstellen?

Du und die anderen Priester, die vor dir sitzen, ihr seid ein Zeichen.

Gilt das nicht auch für Jonas Schmidt? Und seine Kameraden von der Suchthilfe? Sind sie nicht ein Zeichen, ein Hoffnungszeichen, ein Beweis für die Kraft der Vergebung? Wie laut das alles doch von den Möglichkeiten redet, die *Gott* hat!

Ich nehme die Sünde an einem einzigen Tag weg.

Ernst Kurz warf einen Blick auf das eigenwillige Kruzifix, das er an der Wand hängen hatte. Natürlich stammte es von seinem Freund Axel. Die Sünde weggenommen. An einem einzigen Tag. Damals am Karfreitag vor gut 2000 Jahren ...

Unter dem Kreuz, das an der Wand hing, hatte seine Frau mit ihrer Nichte letzte Woche zum vierten Adventssonntag die Krippe aufgebaut. Sie war ein Familienerbstück. Sein Großvater hatte sie damals selbst gezimmert. Die Krippenfiguren wirkten etwas zusammengewürfelt. Über die Jahre waren immer mal wieder einige ersetzt worden. Ganz anders als das Kruzifix aus Künstlerhand wirkte die Krippe wie ein unfertiges Sammelsurium. Trotzdem: Sie strahlte für Ernst Kurz einen tiefen Frieden aus. Jedes Jahr, wenn die Krippe aufgestellt wurde, freute er sich darauf.

Denn siehe, ich will meinen Knecht, den Spross kommen lassen.

War Jesus nicht deshalb zum Knecht Gottes geworden? Wie oft hatte er davon in den Kirchenliedern gesungen, *Jesus Gottesknecht*. Aber erst jetzt, als er das Kreuz und die Krippe zusammen im Blick hatte – erst jetzt wurde ihm klar, was das wirklich bedeutete.

Wieder dachte er an Jonas Schmidt.

Und der Herr sprach zum Satan: »Ich, der Herr, weise deine Klagen zurück, Satan. Dieser Mann ist wie ein Holzscheit, das aus dem Feuer gerissen wurde.«

Willst du, Ernst Kurz, dieses gerettete Brandscheit wieder ins Feuer werfen? Willst du Satan sein, der andere verklagt?

Der Hohe Priester Jeschua.

Ein Hoher Priester ist viel, viel mehr als ein Kirchenvorsteher – und als ein Kandidat für dieses Amt. Wenn Jeschua trotz seiner unreinen Kleider Hoher Priester bleiben oder wieder neu werden durfte – kann dann nicht Jonas Schmidt für den Kirchenvorstand kandidieren?

Dieser Mann ist wie ein Holzscheit, das aus dem Feuer gerissen wurde.

Der andere Weg

Vorlesezeit: ca. 7 Minuten

Als ich aufhörte, ein Kind zu sein – da habe ich ihn erst verstanden. Den anderen Weg, den Großvater ging – auf der Heimreise und fortan überhaupt.

Vorher, als Kind, habe ich immer nur mit großen Augen und aufmerksamen Ohren den Erzählungen zugehört: von dem Stern, den Großvater und seine Freunde gesehen hatten. Wie sie überlegten, was er zu bedeuten habe. Wie sie ihre Bücher studierten und schließlich zu dem Ergebnis kamen: Ein König war geboren – und zwar in Judäa, weit im Westen von hier. Wie sie sich auf den Weg machten – nicht alle, aber Großvater war dabei gewesen.

Die anstrengende weite Reise.

Die Ankunft in Jerusalem.

Die Nachfrage im Königspalast, wo man von nichts wusste.

Der Hinweis, sie sollten nach Bethlehem gehen, und der Weg dorthin.

Wie sie auf einmal wieder den Stern sahen – und schließlich das Kind mit seinen Eltern fanden. Ganz anders, als sie es sich vorgestellt hatten.

Uns schließlich der Traum.

Damit begann das, was ich erst später verstand: was meinem Großvater so wichtig geworden war: Der andere Weg.

Es war eben nicht nur eine spannende Geschichte, eine schöne Begebenheit. Es war ein Ereignis, das meinen Großvater verändert, einen anderen Menschen aus ihm gemacht, ihm einen anderen Sinn, eine andere Einstellung, ein anderes Denken, eine neue Moral gegeben hat.

Der andere Weg.

———

Was war passiert? Großvater sagt, es war die Entdeckung, dass der neugeborene König der Juden nicht in einem Palast auf die Welt gekommen war, sondern in einer armseligen Hütte. Das war nun gar nicht so, wie sie es sich vorgestellt, wie sie es erwartet hatten.

Und deshalb kam Großvater nicht als der Mensch zurück, als der er gegangen war. Deshalb tat er fortan vieles anders als zuvor.

Da war zum Beispiel die Sache mit den Sklaven. Dazu muss ich sagen, dass Großvater seine Sklaven auch schon vorher nicht schlecht behandelt hatte – im Gegenteil. Er war keiner von denen, die einen Leibeigenen nur dann freiließen, wenn er nicht mehr arbeiten konnte, sodass er dann betteln oder verhungern musste. Für ihn waren auch Sklaven immer schon Menschen gewesen. Er war bekannt dafür, freundlich und gerecht zu ihnen zu sein.

Aber jetzt, jetzt achtete er darauf, dass jeder Sklave bei den häuslichen Festen mindestens einmal im Jahr mitfeiern konnte und dass er dabei das gleiche Essen und das gleiche Trinken bekam wie sein Herr und dessen Gäste. Natürlich konnte Großvater jetzt manche allzu teuren Sachen nicht mehr auftischen lassen. Aber einerseits störte ihn das nicht, und andererseits gab es dennoch nach wie vor wirklich gute Speisen und edlen Wein – nur eben nicht ganz so auserlesen, nicht gar so kostspielig.

Es verwundert natürlich nicht, dass es sofort Ärger mit seinen alten Freunden und Bekannten gab. »Du machst dich mit Leibeigenen gemein!«, lautete gleich ihr erster Vorwurf. Einige haben ganz entschieden mit Großvater gebrochen. Doch das hat ihn nicht angefochten. »Der neugeborene König der Juden gehört auch zu den Armen. Wie sollte ich da den einfachen Leuten die Würde rauben?«, sagte er nur.

Oder die Geschichte mit seinem Bruder.

Darius war deutlich jünger als mein Großvater, kaum älter als die erstgeborene Tochter der Familie. Großvater hatte ihn daher immer ein wenig von oben herab behandelt, ihn nicht ganz für voll genommen, ihm in seine Angelegenheiten hineingeredet und hineinregiert. Natürlich stets in bester Absicht – das hat er sich zumindest immer eingeredet. In Wahrheit aber hatte er seinen Bruder damit entmündigt – und das sah er nun ganz klar.

Jetzt sollte damit Schluss sein. Schluss mit der Bevormundung, Schluss mit der Erniedrigung. Ab sofort wollte er seinen Bruder als vollwertig und gleichberechtigt anerkennen, seine

Entscheidungen respektieren, seinen Willen ernst nehmen. Mein Großonkel hat mir später davon erzählt, wie befreiend, wie wohltuend das für ihn gewesen war. Als könnte er auf einmal aufatmen und frische Luft schnappen.

Schließlich – für mich natürlich am allerwichtigsten – war da die Sache mit meinem Vater. Bis zu jenem Tag hatte mein Vater zwar schon mehrmals um meine Mutter geworben, war aber jedes Mal abgewiesen worden. Denn mein Vater stammte aus einfachen Verhältnissen – sehr einfachen. Seine Vorfahren waren arm und unbedeutend – Tagelöhner eben. Dabei war – und ist – mein Vater außergewöhnlich klug und außerordentlich fleißig. Er war als ein besonnener Mensch bekannt, treu, mutig und ehrlich. Schlecht sah er auch nicht aus. Meine Mutter hätte ihn gerne geheiratet, sie sah seine Vorzüge. Aber das kam nicht infrage.

Warum? Wegen der Herkunft meines Vaters natürlich. Sein Stand machte es ihm unmöglich, in eine andere soziale Schicht zu heiraten. »Das geht doch gar nicht!«, hatte mein Großvater immer gesagt. »Ich gebe meine Tochter doch nicht an einen Habenichts, einen Tagelöhner! Völlig ausgeschlossen.« Über die Wangen seiner Tochter konnten noch so viele Tränen fließen – er blieb dabei.

Bis er wiederkam. Da dachte er auf einmal anders.

Plötzlich wollte er nur noch eines wissen: Will er sie auch dann, wenn sie keine Mitgift bekommt? Und nimmt sie ihn auch dann, wenn sie mit ihm zusammen arm sein muss? Lieben sie sich wirklich?

Als er zufrieden mit ihren Antworten war, hat er zugestimmt. Und trotzdem eine Mitgift gezahlt.

Es gab damals einen richtigen Skandal deswegen. Seine Freunde waren entsetzt. Sie hatten Angst, ihre Bedeutung und ihren Rang einzubüßen. Sie wollten doch etwas Besseres sein als andere – und das war durch so eine Entscheidung gefährdet! Wie konnte Großvater nur!

Aber er sagte bloß: »Dieses Kind in Bethlehem war auch arm und äußerlich unbedeutend – und doch war es der neugeborene König der Juden! Wenn ich diesem jungen Mann die Hand meiner Tochter verweigere, mache ich alles ungültig: meine Reise, meine Erkenntnisse, ja, die Sterne selbst! Die Offenbarungen der Juden, die ich seitdem studiere, alles, was ich erlebt habe. Ja, ich würde mich selbst für ungültig erklären! Ihr könnt sagen, was ihr wollt: Diese jungen Leute haben meinen Segen.«

Und so kam es dann auch, gegen allen Widerstand.

———

Das also war der andere Weg, den Großvater seither ging. Ein neuer Weg – für ihn, aber auch für alle anderen. Das alles wegen diesem Kind damals in Bethlehem weit im Westen.

Nun, ich bin froh über den anderen Weg meines Großvaters – und über diesen neugeborenen König der Juden. Recht betrachtet verdanke ich schließlich allein ihm mein Dasein.

Der verbrannte Gott

Vorlesezeit: ca. 10 Minuten

»Es gibt vielleicht zwei oder drei Leute, denen ich diese Geschichte erzählt habe. Ich kenne euch doch kaum! Deinen Mann hier sehe ich heute zum ersten Mal.« Norbert schüttelte den Kopf.

»Wie kommt ihr überhaupt darauf, dass ihr das hören wollt?«, wandte er sich an die junge Frau. Es war Corinna, seine Großnichte, die da vor ihm stand. Gemeinsam mit ihrem Mann Markus.

»Oma hat es vorgeschlagen. Wir überlegen uns zurzeit, ob wir unsere Kleine wirklich taufen lassen sollen. Oma war ganz entsetzt. ›Kinder, man braucht doch einen Halt für sein Leben!‹, meinte sie. ›Fragt doch nur einmal den Norbert! Der wird es euch bestätigen!‹ Und deshalb sind wir hier.«

»Also gut«, brummelte Norbert. »Ich kann Frieda bestätigen: Man braucht einen Halt fürs Leben. Aber was für eine Geschichte stellt ihr euch denn da vor?«

»Na ja«, meinte Corinna, »vielleicht Erfahrungen mit einem Schutzengel. Oder wie du dir deinen Kinderglauben bewahrt und er dich dein ganzes Leben begleitet hat.«

Ihr Großonkel legte lachend den Kopf in den Nacken. »Ja, ja. Den Kinderglauben bewahrt. Von wegen! Ich habe ihn verbrannt! Jawohl! Verbrannt habe ich ihn! Meinen Glauben, meinen Gott, meine Taufe. Ich wollte davon nichts mehr wissen. So eine Wut hatte ich auf den da oben.«

Er unterstrich das Gesagte mit einer Handbewegung. »Und solche Geschichten wollt ihr hören? Ihr seid doch jung! Ich hoffe um euer Wohl, dass ihr so schwere Sachen nicht durchstehen müsst. Und überhaupt, da geht es um Dinge, die ich einem jungen Paar nicht erzählen möchte.«

»Ganz im Gegenteil!« Erstmals nahm Markus das Wort. »Ich finde, ihr Älteren habt die Pflicht, uns Jüngere auch auf die harten Zeiten des Lebens vorzubereiten! Jawohl! Die Pflicht!« Es klang fast ein wenig wütend. »Jetzt will ich deine Geschichte erst recht hören. Gerade jetzt!«

»Na gut!«, fügte sich Norbert. »Dann nehmt erst einmal Platz. Wollt ihr etwas trinken?«

———

Wenig später saßen alle drei gemütlich bei Kaffee und Apfelsaft in den Wohnzimmersesseln. Norbert fing an zu erzählen:

»Ich habe einmal ähnlich gedacht wie ihr«, begann er. »Für mich war Gott der liebe Gott, der mich beschützt, der für die Guten ist und gegen die Schlechten, der einem hilft, anständig zu leben. Ich habe gelegentlich gebetet, manchmal sogar gedankt, hin und wieder habe ich einen Gottesdienst besucht und hielt mich für einen guten Christen.

Dann habe ich die ersten traurigen Erfahrungen gemacht. Mein Vater, dein Uropa, hat einen Schlaganfall bekommen, als ich gerade erst siebzehn war. Auf einmal hatten wir nicht mehr so viel Geld, und ich musste mir meine Studienpläne aus dem Kopf schlagen. Damals dachte ich noch: Gott wird schon wissen, warum. Mutter sagte immer: Jeder muss ein Paket tragen. Nun gut, ich habe es irgendwie akzeptiert. Habe mein Paket getragen. So ging es schließlich weiter. Ein ganz normales, durchwachsenes Leben halt, vielleicht ein wenig härter als heute bei euch, aber grundsätzlich normal.«

»Heiter bis wolkig mit gelegentlichen Schauern«, warf Markus ein.

»So ungefähr«, bestätigte Norbert. »Ich dachte immer, vielleicht wird es besser, schöner. Vor allem, als ich mich verliebt hatte. Und es war ja auch wirklich schön mit ... mit meiner ersten Frau. Zunächst jedenfalls. Dann aber – seht ihr, das ist etwas, was ich euch lieber nicht erzählen will: Ihr sollt doch daran glauben, dass eure Ehe gelingen kann, da sollte ich nicht von Scheidung und so weiterreden.«

»Jetzt haben wir schon angefangen, jetzt bringen wir es auch zu Ende«, sagte Corinna entschieden.

»Also, unsere Ehe ging in die Brüche«, setzte Norbert fort. »Ich weiß bis heute nicht so recht, warum, aber es war so. Und wie das meistens so ist, geht dabei gleich noch mehr kaputt. Ständig gab es Ärger, wenn ich unseren gemeinsamen Sohn sehen wollte. Dann war ich unterhaltspflichtig, was meine Lebensmöglichkeiten stark einschränkte. Schließlich hatte ich das Theater satt und habe darauf verzichtet, Ulrich regelmäßig zu sehen. Erst als er erwachsen wurde, ist wieder eine

Beziehung zu ihm entstanden. Seht ihr: Das alles war schon sehr bitter. Aber dann wurde es noch viel schlimmer.«

Norbert nahm einen Schluck aus der Kaffeetasse. »Erst bekam ich Ärger auf der Arbeit. Heute würde man das Mobbing nennen, aber den Ausdruck gab es damals noch nicht. Die Kollegen haben mich geschnitten. Auf verschiedenste Weise haben sie versucht, mein Selbstwertgefühl zu untergraben. Meine Leistung wurde kleingeredet. Immer öfter wurde ich krank. Schließlich wurde mir gekündigt. Und dann ...« – Corinna entging nicht, dass ihr Großonkel sich beherrschen musste, um die Tränen zurückzuhalten – »... dann habe ich wieder eine Freundin gefunden. Ein richtig liebes Mädchen. Sie hatte Verständnis, sie hörte mir zu. Sie war – glaube ich – der einzige Mensch damals, der mich irgendwie aufgebaut und gestärkt hat. Schließlich waren Grete und ich uns einig: Wir wollten heiraten. Sie störte sich auch nicht an meiner beruflichen Niederlage. So groß war ihre Liebe.

Während dieser Zeit hatte ich dann auch noch ein Buch in die Hände bekommen, in dem der Autor – oder war es eine Autorin? – mit dem Christentum abrechnete. Was der alles an Untaten aufzuzählen wusste. Von den Kreuzzügen über Hexenverfolgung, Verbrechen bei der Mission und was weiß ich. Gerade, weil es mir sowieso schon schlecht ging, fing ich an, mit Gott zu hadern. Warum lässt du so etwas zu? Wo warst du denn damals? Haben diese armen angeblichen Hexen nicht gebetet? Hast du ihnen nicht geholfen? Und deine Kirche – was ist das für ein katastrophaler Haufen! Nach dem, was die Gebote sagen, haben die ja gar nicht gefragt, überhaupt nicht! Es hat mir richtig gegraut. Und trotzdem: Gerade damals habe ich gebetet. Vielleicht mehr als in den Jahren zuvor. Habe Gott gedankt für Grete und für die neue Liebe, habe gebetet, dass wir glücklich werden miteinander. Und dann …«

Norbert musste sich unterbrechen. Seine Stimme war rau geworden, unsicher. Einen Moment lang tat es Corinna leid, ihren Verwandten zum Erzählen gedrängt zu haben. Der aber bekam sich wieder einigermaßen in die Gewalt:

»Dann kam der Freitagnachmittag. Grete wollte zu mir kommen, wir wollten überlegen, wie wir das Wochenende gestalten könnten. Ich hatte schon eine richtig romantische Idee, nur kam sie einfach nicht. Ich wartete und wartete und wartete. Dann kam ein Anruf, von irgendeinem Verwandten. Als ich die Stimme hörte, wusste ich bereits alles. Es muss ein ganz furchtbarer Unfall gewesen sein; es hat ihr wohl den Kopf abgerissen. Obwohl ich keine Fotos gesehen habe, hat mich das Bild noch jahrelang verfolgt.

Ihr müsst euch das vorstellen, wie das für mich gewesen war. So ein Todesfall ist ja an sich schon immer furchtbar. Ich kann mir kaum etwas Schlimmeres vorstellen. Und mir ging es ja ohnehin schon schlecht: Entlassen, seelisch angeschlagen durch alles, was auf der Arbeit passiert war; die gescheiterte erste Ehe; dass ich Ulrich nicht mehr sah. Kein Mensch außer Grete, die zu mir gestanden hatte. Und nun war auch sie mir genommen worden.

Zuerst ging ich in die Klinik, weil ich Angst hatte, mir sonst das Leben zu nehmen. Doch nach einigen Wochen wurde ich wieder entlassen. Die selbstmörderischen Gedanken waren verebbt und etwas anderem gewichen: einer unbändigen Wut auf Gott. ›Der liebe Gott‹ – dass ich nicht lache! Schutzengel? Wo? Die Guten belohnen, die Bösen bestragen? Wirklich? Nein! Ich hatte genug. Weg mit diesem Gott! Weg mit meinem Glauben! Er hatte mir doch sowieso nichts genützt.

Ich dachte, dass ich mich irgendwie an Gott rächen müsste. Dass ich ihn bestrafen könnte für das, was er getan hatte. Aber wie? Aus der Kirche austreten? Das hätte nicht gereicht. Das taten genug andere jedes Jahr, das juckte ihn bestimmt nicht mehr. Außerdem wollte ich nicht der Kirche, sondern Gott etwas antun.

Da erinnerte ich mich an meine Taufurkunde. Ja, das war es! Die Taufe hieß schließlich, dass ich irgendwie zu Gott gehörte. Das sollte beendet werden, rückgängig gemacht werden. Jawohl!

Zum Glück hatte ich inzwischen wieder meine Sinne beieinander. Einen Zimmerbrand wollte ich nicht riskieren. Also suchte ich mir eine alte Keksdose, schließlich kann Blech kein Feuer fangen. Zusätzlich plante ich, meine Aktion vorsichtshalber im Waschbecken auszuführen, wo nichts ist, das schnell zu brennen anfängt – und im Zweifelsfall konnte ich schnell den Wasserhahn aufdrehen.

Ich stellte also die Dose ins Waschbecken, zerknüllte den Taufschein ein wenig und hielt schließlich ein brennendes

Streichholz daran. Das Papier fing sofort Feuer und brannte lichterloh.

Mit einer ingrimmigen Genugtuung schaute ich dem rauchenden Stück Papier dabei zu, wie es sich langsam in Asche verwandelte. Recht so! Das hast du jetzt davon, lieber Gott! Schluss ist! Vorbei! Jawohl, da verbrannte nicht nur meine Taufe. Da verbrannte auch mein Gott. Da verbrannte mein Glaube, meine Religion. Da verbrannte vieles, was ich einmal gedacht habe. Weg damit!

Ich fühlte mich irgendwie ein wenig befreit. Wenigstens einmal hatte ich meine Wut loswerden können. Wenigstens einer hatte meinen Zorn spüren müssen. Wenigstens. Am liebsten aber hätte ich meine ehemalige Frau, meinen Ex–Chef und die meisten meiner früheren Kollegen gleich mit verbrannt, was natürlich nicht ging. Aber Gott, dieser eine, der konnte mir nicht entrinnen. Schluss!

Als das Feuer erloschen war, machte ich mir einen Kaffee und trank ihn in aller Ruhe. Ich war in einer ganz merkwürdigen Stimmung. Einerseits befreit, zugleich aber auch merkwürdig leer. Und in alldem war das Gefühl, da sei noch etwas, irgendetwas, das ich nicht fassen konnte. Nach einer Stunde fiel mir ein, dass ich ja auch noch die Asche beseitigen müsste. Ich ging zurück ins Bad, um die Sache abzuschließen. Doch dann –«

Er schaute seine Großnichte und ihren Mann lange an, bevor er fortfuhr, suchte nach den Worten.

»Ich weiß nicht, ob man so etwas erklären kann. Es war unglaublich. Ich sah das Papier an, schwarz verkohlt, wollte die Asche wegräumen, da sah ich, dass auf einem letzten Rest Papier noch etwas zu lesen war. Also lese ich. Da steht: ›Niemand wird sie aus meiner Hand reißen.‹ Ich schaue genauer hin, da entdecke ich noch mehr, es steht davor, etwas schwieriger zu lesen, ich muss ein oder zwei Buchstaben ergänzen: *Christus spricht.* Dann schaue ich nochmals. Und lese: *Norbert Fischer, geboren ...,* das Nächste war unleserlich, doch dann wieder *in der Christuskirche zu Hochstadt getauft worden.* Unterschrift und Siegel waren auch noch da. Ehrenwort! Keine Lüge!

Ich lese das also und kann es nicht fassen. Dann lese ich es noch einmal und noch einmal. Das gibt's doch nicht, denke ich. Und auf einmal merke ich: Gott ist da. Jesus ist da. Der, der da gesagt hat: ›Niemand kann sie aus meiner Hand reißen.‹ Mir ist, als ob er sagt: ›Du kannst diesen Taufschein verbrennen, aber mein Wort vergeht nicht. Deine Taufe vergeht nicht. Du kannst mich nicht daran hindern, dich festzuhalten.‹ Und in jenem Moment fing ich an, an Jesus zu glauben. Ich sagte bewusst Ja dazu, indem ich – ach, ich glaube, das muss ich euch nicht erzählen. Ich sagte jedenfalls Ja dazu. Seitdem weiß ich, dass es Gott gibt – und wo er zu finden ist. Seitdem glaube ich wirklich.«

Norbert ließ sich in seinen Sessel zurückfallen. Das junge Paar schaute lange nur auf den Tisch, auf irgendetwas, das dort gar nicht lag. Solche Geschichten zu hören waren sie nicht gewöhnt. Schließlich wollte Markus aber doch noch etwas wissen:

»Du sagst, du hast Gott, deinen Glauben und deine Taufe verbrannt. Jetzt aber glaubst du doch wieder. Ist das jetzt ein anderer Gott als vorher?«

Norbert schaute ihm offen ins Gesicht: »Ehrlich gesagt, weiß ich es selbst nicht. Ich glaube anders, ich sehe Gott anders – gewiss. Aber ich halte mich auch an die Taufe, die ich als Kleinkind empfangen habe. Und ich glaube an den Gott, in dessen Namen ich damals getauft wurde.«

Ein Geräusch von außen schreckte die drei auf. Ein Blick auf die Uhr. »Ihr müsst mich entschuldigen«, sagte Norbert, »das hätte ich fast vergessen. Ich habe jetzt gleich noch einen Termin.«

Corinna erhob sich, Markus auch.

»Ich glaube, es ist jetzt sowieso das Beste, wenn wir erst einmal zu zweit darüber nachdenken, was das für die Taufe unserer Kleinen bedeutet. Aber vielen Dank für deine Offenheit!«, sagten sie und reichten ihm die Hände zum Abschied.

Der Hoffnungsbaum

Vorlesezeit: ca. 9 Minuten

Wieder einmal stand Karlheinz Schwarz bei unfreundlichem Wetter vor jenem Busch und betrachtete ihn eingehend, als auf einmal eine weibliche Stimme von der Seite her fragte: »Was ist denn an diesem Strauch so interessant, dass Sie ihn ständig ansehen müssen?«

Schwarz wandte sich nicht um. Er wusste auch so, wer ihn da angesprochen hatte. Er hatte den Hund bereits gesehen – den »mopsverdackelten« Collie, wie er die niedliche Promenadenmischung zu benennen pflegte. Und natürlich kannte er auch sein Frauchen, eine Frau, die er schon oft hier in den Anlagen getroffen hatte, mit der er aber – abgesehen von einem kurzen Gruß – noch nie ein Wort gewechselt hatte.

»Warum fragen Sie?«, gab er zurück, ohne seinen Blick von dem Busch abzuwenden.

»Nun ja, wir haben uns jetzt schon oft hier getroffen. Und jedes Mal, wenn ich Sie sehe, stellen Sie sich an diesen Platz und schauen sich diesen Strauch an. Immer nur diesen einen. Und ich frage mich schon seit Langem, warum Sie das machen. Irgendwann habe ich mir vorgenommen: Wenn ich Sie einmal treffe und wir ganz unter uns sind, spreche ich Sie darauf an. Aber wenn Sie nicht wollen, müssen Sie meine Frage natürlich nicht beantworten.«

Schwarz antwortete nicht gleich. »Sehen Sie die Farben? Diese Triebe – unten sind sie gelb und nach oben zu werden sie orange, ja fast schon rot. Sehen Sie das?«

»Das ist mir noch nie aufgefallen«, antwortete die Frau. »Aber Sie haben recht.«

Karlheinz wandte sich zum ersten Mal zu ihr. »Im Sommer würde einem das gar nicht auffallen; oder gar im Oktober, wenn das Laub so schön bunt wird. Aber jetzt, um diese Zeit, wenn alles so grau in grau ist, wenn außerdem noch trübes Wetter ist – dann ist das schon fast ein Farbklecks in der Landschaft.«

»Ja, aber …«, die Hundebesitzerin zögerte. »Kommen Sie deshalb bei einem so unfreundlichen Wetter hierher?«

»Und Sie?«, gab Schwarz zurück. »Sie sind doch auch hier!«

»Aber nur, weil der Hund ausgeführt werden muss. Sonst würde ich jetzt nicht freiwillig aus dem Haus gehen.«

Er gab sich einen Ruck. Es tat ihm gut, einmal mit jemandem zu reden – warum sollte er die Sache nicht erklären?

»Gerade bei diesem Wetter muss ich hierherkommen. Gerade wenn es grau und trüb ist und noch dazu ein wenig feucht – so ein Nieselregen wie jetzt oder Nebel –, gerade dann kommen die Farben erst richtig heraus. Bei Sonnenschein oder auch nur bei Trockenheit fällt es viel weniger auf.«

Die Frau schaute sich nach ihrem Hund um, der durch die Anlagen streunte, sah aber anscheinend keinen Grund, ihn zu rufen. Stattdessen setzte sie ihre Erkundigungen fort:

»Und warum immer gerade dieser Strauch? Schauen Sie«, sie zeigte mit dem Finger nach links, »dieser Baum da vorne hat die gleichen Farben, wenn ich mich nicht täusche.« Zum ersten Mal betrachtete Karlheinz seine Gesprächspartnerin genauer. Gram und Kummer waren ihr ins Gesicht geschrieben, obwohl sie noch ziemlich jung sein musste.

Vielleicht tut es ihr ja genauso gut wie mir, dachte er und sagte: »Kommen Sie! Wir müssen uns das einmal genauer anschauen. Das ist nämlich ein Hoffnungsbaum!«

»Ein Hoffnungsbaum?«, fragte sie verständnislos.

»Kommen Sie nur mit! Sie werden es gleich verstehen.«

———

Gemeinsam gingen sie ein paar Schritte, bis sie ganz nah vor dem Strauch standen. In diesem Augenblick kam der mopsverdackelte Collie zurück und schnupperte am Fuß des Strauches herum.

»Sehen Sie nur!«, sagte Schwarz. »Da, wo Ihr Hund gerade herumschnüffelt! Sehen Sie den Stumpf?«

Es bedurfte keines besonders scharfen Blickes, um zu erkennen, dass der ganze Busch aus einem einzigen dicken Baumstumpf herausgewachsen war.

»Da hat man einmal einen dicken, starken Baum gefällt«, ihre Stimme klang noch trauriger als zuvor.

»Und jetzt ist aus dem Baumstumpf ein neuer, richtig schöner Strauch gewachsen«, führte Schwarz den Satz fort – aber mit zuversichtlicher und fröhlicher Stimme.

»Und jetzt will ich Ihnen die ganze Geschichte erzählen! Ich habe diesen Baum nämlich gekannt. Ich bin hier aufgewachsen. Mein Elternhaus steht nur ungefähr hundertfünfzig Meter von hier entfernt. Und als ich noch ein Kind war, gab es hier keine Parkanlagen. Da war das alles mehr oder weniger Wildnis. Für uns Kinder war das natürlich viel interessanter als so ein Park. Was haben wir hier gespielt, meine Schwester, unsere Freunde und ich! Da konnte man sich so gut verstecken. Gerade hinter diesem Baum! Da waren nämlich lauter Sträucher drum herum und hohes Gras und dergleichen. Und deshalb war das unser Lieblingsplatz.

Aber wir wurden älter und suchten uns andere Beschäftigungen. Doch an dem Tag, als dieser Park angelegt und unser Baum gefällt wurde, war ich zufällig mit meiner Schwester hier unterwegs. Wir waren inzwischen fast erwachsen und hatten zu dieser Zeit nicht mehr viel zusammen unternommen – aber an diesem Tag gingen wir hier spazieren. Und dann sahen wir es. Es war Vorfrühling, die Vögel sangen so schön und die Luft atmete Aufbruch und Neubeginn. Der Baum hatte gerade seine Kätzchen – und die haben wir auch immer sehr geliebt, meine Schwester hat sie als Kind so gerne gestreichelt. Da wird vor unseren Augen dieser Baum gefällt. Mitten in der Vorfrühlingsstimmung, beim Vogelgesang und mitsamt seiner Kätzchen. Es war bitter. Es tat uns richtig weh. Meine Schwester weinte sogar – sie ist überhaupt sehr nah am Wasser gebaut – aber trotzdem. Danach wollten wir nie mehr wieder hierherkommen.«

Karlheinz warf einen vorsichtigen Blick in das Gesicht der Hundebesitzerin; dann fuhr er fort.

»Einige Jahre später durchlebte ich eine furchtbare Zeit. Inzwischen hatte ich eine gute Arbeit, eine Frau und zwei kleine Kinder – fast so wie der Baum, wenn er Kätzchen bekommt: Es geht gerade los mit dem Frühling und dem Leben und dem Ertrag. Aber ich bekam einen grässlichen Ärger auf der Arbeit: Man hatte zerstört, woran ich gerade gearbeitet habe, hatte mir fehlerhafte Informationen gegeben und einen riesigen Verlust gemacht. Mehr sage ich nicht. Wenn ich erst einmal so richtig in Fahrt komme, kann ich sonst tagelang erzählen.«

»Lieber nicht«, warf die Frau ein, »Ich kann es mir auch so gut vorstellen – leider.«

»Nein, das muss auch nicht sein. Jedenfalls ging es mir sehr schlecht, und oft ließ ich alles an meiner Frau ab. Nicht, dass ich das gewollt hätte. Aber es war schließlich so. Das ging so lange, bis sie es nicht mehr aushielt, die Kinder nahm und auszog.

Das war zu viel für mich. Ich brach zusammen. Verstehen Sie mich recht: Ich mache meiner Ex keinen Vorwurf. Aber für mich war es zu viel.

Ich verlor meine Anstellung, meine Wohnung, fast mein ganzes Vermögen. Meine Ehe war inzwischen auch geschieden. In dieser Situation erinnerte ich mich wieder an den alten Baum. Ich dachte: Mir geht es so wie dieser Weide. Als ich gerade zu blühen anfangen wollte, hat man mich abgesägt, umgebracht, zerstört.

Wenig später besuchte ich einmal meine Schwester – sie wohnt heute wieder ganz hier in der Nähe. Wir verstehen uns nicht besonders gut, aber an jenem Tag tat sie ein gutes Werk an mir. Ich erzählte ihr, wie es mir ging – das wusste sie bereits – und dass ich mich fühlte wie jener Baum.

Daraufhin – es war ungefähr vor einem Jahr und fast genau so ein Wetter wie heute: trüb, grau, Sprühregen – führte sie mich hierher und zeigte mir, was aus diesem Baum in der Zwischenzeit geworden war. Und sie sagte: Mach es doch wie dieser Baum!

Über diesen Satz habe ich lange nachdenken müssen. Schließlich sagte ich mir: Jawohl, ich bin wie dieser Baum. Man hat mich abgesägt, gerade als es schön werden sollte. Aber ich lasse mich nicht unterkriegen.

Natürlich wird diese Weide nie mehr ein so großer Baum, wie sie einst war. Aber sie hat viele neue Triebe; sie lebt und ist schön anzusehen. Ich werde wohl nie wieder Karriere machen, nie mehr so viel Geld verdienen, wie ich es mir damals erträumt habe. Aber noch habe ich meine Lebenskraft, noch kann ich neue Zweige austreiben – schöne Zweige. Ich werde vielleicht kein großer, stolzer Baum mehr, aber wieso kein schöner Strauch?

Und damit ich das so richtig ergreife, komme ich immer wieder hierher zurück und schaue mir den Strauch an.«

Die Frau sah nachdenklich zu dem ›Hoffnungsbaum‹ hin. »Und, nützt es etwas?«, fragte sie schließlich.

»Ganz bestimmt. Ich habe mein ganzes Leben umgekrempelt. Ich trinke nicht mehr ...«

»Sie auch?« Die Frau wurde auf einmal rot.

Karlheinz sah, dass es ihr peinlich war, und ging nicht darauf ein. »Ich gehe inzwischen jeden Abend zu einer vernünftigen Zeit ins Bett und stehe jeden Morgen um sechs auf – auch am Wochenende. Ich habe wieder angefangen Sport zu treiben, esse dreimal am Tag – und zwar anständig –, putze meine Wohnung, gehe regelmäßig an die frische Luft und versuche, meinen Tag mit sinnvollen Dingen zu füllen. Der Unterschied ist enorm. Meine Schwester hat mir das erst anderntags bestätigt. Vielleicht bin ich ja tatsächlich ein wenig wie dieser Hoffnungsbaum.«

Der Collie tänzelte ungeduldig um die beiden herum. »Ich glaube, mein Hund will langsam wieder nach Hause«, meinte sein Frauchen mit einem Lächeln.

»Kein Problem. Ich muss selbst weiter – Spanischkurs an der Volkshochschule. Sie wissen schon – sinnvolle Dinge.«

»Aber das, was Sie da erzählt haben, war sehr interessant«, sagte die Frau. »Ich glaube, ich werde mir diesen Hoffnungsbaum zukünftig auch öfter einmal ansehen. Vielleicht treffen wir uns ja wieder?«

»Das hoffe ich«, entfuhr es dem Mann, der hinterher über seine eigene Bemerkung noch etwas nachzudenken hatte. Dann aber hob er zum Abschied die Hand und ging seines Wegs.

Kein Platz für Jesus

Vorlesezeit: ca. 7 Minuten

Die Großveranstaltung war zu Ende. Mit viel Mühe und großem Einsatz hatten sich zahlreiche Mitarbeiter eingebracht, hatten Zeit und Kraft geopfert. Doch nun, als alles vorüber war, machte sich Enttäuschung breit. Man hatte einen größeren Ertrag erwartet, sich einen neuen Schwung für die Gemeinde erhofft, mit dem Hinzukommen neuer Gesichter gerechnet.

So kam es, dass im Auftrag des Engels der Kirchengemeinde St. Martha in Frommenstadt dessen Stellvertreter bei Christus selbst vorstellig wurde, um seine besondere Unterstützung zu erbitten.

»Herr«, sprach er, »siehst du denn nicht deine Gemeinde St. Martha in Frommenstadt, ihre Pastoren und Mitarbeiter, wie viel Sorge und Mühe sie haben? Greif doch ein mit deiner starken Hand, damit es in dieser Gemeinde wieder aufwärtsgeht!«

Christus sah ihn an. Dann erhob er seine Rechte, sodass man die Handfläche sehen konnte. Deutlich war die Wunde zu erkennen, die der Kreuzesnagel hinterlassen hatte.

»Geh zum Engel der Gemeinde St. Martha in Frommenstadt«, antwortete er, »und sage ihm, dass das nicht möglich ist.«

»Aber warum?«, fragte der Engel.

»Weil für mich in dieser Gemeinde kein Platz ist.«

Mit weit aufgerissenen Augen starrte der Engel Christus an. Zu unglaublich schien ihm seine Antwort.

»Doch, du hast richtig gehört«, fuhr Christus fort. »Sie haben meinen Platz längst besetzt. Schau dir die Pastoren an: Der eine, Pfarrer Rose, will das Leiden und das Unrecht in dieser Welt besiegen. Er kämpft darum, dass diese Welt heil wird. Er weiß nicht mehr, dass das meine Aufgabe sein wird, wenn ich wiederkomme, dass ich eine neue Welt, eine heile Welt heraufführen werde ohne Unrecht, Leiden und Tod.«

»Aber sollen die Menschen nicht Gutes tun, Armen helfen, Frieden stiften?«

»Ein jeder soll den Auftrag erfüllen, den er von mir bekommen hat, an dem Platz, an den ich ihn gestellt habe. Dort soll er mein Wort sagen, Menschen helfen, Gutes tun. Aber er soll nicht versuchen, diese Welt zu erlösen.«

»Und die zweite Pfarrerin?«, wandte der Engel ein. »Sie müht sich doch rechtschaffen mit ihren Besuchen ...«

»Kennst du ihre Begründung?«, fragte Jesus, »Sie pflegt zu sagen: Der Bürgermeister kommt und die Sparkasse. Wenn *ich* nicht komme, sagen die Leute: Der Pfarrer hat uns vergessen. Hat uns etwa auch Gott vergessen?«

»Und was ist dagegen einzuwenden?«

»Der Pfarrer ist nicht Gott. Und er macht auch nicht in seiner Person Gott gegenwärtig. Das war *meine* Aufgabe. In *meiner* Person ist Gott da – nicht in der des Pfarrers. Und jetzt bin ich dort, wo Gemeinde zusammenkommt in meinem

Namen, im Wort, in der Taufe und im Abendmahl. Dort bin ich – aber bei diesen Besuchen ist für mich kein Platz, nicht bei dieser Denkweise.«

»Aber, aber, aber...« Der Engel konnte diese Antwort nicht annehmen und suchte nach einem anderen Grund. Schließlich hatte er ihn gefunden: »Und die ehrenamtlichen Mitarbeiter? Siehst du nicht ihren Fleiß und ihre Treue? Nimm zum Beispiel den Ernst Schuster. Siehst du, wie viele Stunden er für die Gemeinde arbeitet, ohne Geld dafür zu bekommen? Um seinetwillen, und wenn er der Einzige wäre, um seinetwillen greife ein!«

Christus schüttelte bedächtig den Kopf. »Gerade Ernst Schuster lässt keinen Raum für mich. Kennst du nicht den Satz, den er so gerne und oft sagt und der die Pastoren und den Kantor so ärgert? ›Auf die Hauptamtlichen kommt es nicht an‹, sagt er, ›nur auf die Ehrenamtlichen, denn die Hauptamtlichen kommen und gehen, aber die Ehrenamtlichen bleiben.‹«

»Aber das stimmt doch!«, warf der Engel ein.

»Nein!« Die Stimme Jesu bekam einen gebieterischen Klang. »Es stimmt nicht. Die Ehrenamtlichen kommen und gehen genauso wie die Hauptamtlichen. Ich« – eine gelassene Betonung lag auf diesem Wort – »ich bin der, der bleibt. Dieser Ernst Schuster tut so, als wäre er ich. Wie soll ich da wirken, wo kein Platz ist für mich?«

Jetzt hatte auch der Engel keine Argumente mehr. Mit hängendem Kopf stand er vor seinem Herrn. Der aber hatte noch etwas hinzuzufügen:

»Es ist sogar noch schlimmer. Selbst der allerwichtigste Platz, den ich beanspruche, ist schon besetzt: der des Sündenbocks. Schließlich bin ich gekommen, die Sünde der ganzen Welt zu tragen – auch die der Gemeinde St. Martha in Frommenstadt und aller ihrer Glieder. Und« – in folgende Worte legte Christus eine ausdrückliche Betonung – »auch ihrer Mitarbeiter. Gerade daran erkennt man ja meine Nachfolger, dass sie keine andere Gerechtigkeit haben wollen als allein die, die ich ihnen erworben habe.«

Christus schaute den Engel an, der es nicht wagte, seinen Blick zu erwidern.

»Genau da aber sieht es schlecht aus in St. Martha in Frommenstadt. Von den Mitarbeitern ist grundsätzlich keiner Schuld. An ihnen kann es angeblich unmöglich liegen, wenn etwas nicht gut geht. Also muss ein Sündenbock her. Vor zwei Jahren war es Miriam Bach, die junge Kantorin. Einige Jahre zuvor der ehemalige Pfarrer Heinreich. Der Nächste – falls nicht endlich Buße getan wird – könnte der Kirchenpfleger sein. Vielleicht auch die Mesnerin oder wieder einer der Pfarrer. Solange aber die Mitarbeiter dieser Gemeinde einen Sündenbock suchen, brauchen sie mein Kreuz nicht mehr. Und nun sage mir: Wie soll ich in einer solchen Gemeinde wirken können?«

Der Engel zog es vor, darauf keine Antwort zu geben. Sein Herr aber fuhr fort:

»Nun wirst du vielleicht denken, dass ich diese Gemeinde fallen lassen will und sie sich selbst überlasse. Aber ganz so ist es nicht. Ich habe einige wenige gefunden, an denen ich Gefallen habe. Drei davon will ich nennen:

Da ist zum einen Marius Pioth, einer der Stillen im Lande, obwohl er sogar dem Kirchenvorstand angehört. Die anderen nehmen ihn nicht besonders ernst, weil er so wenig in der Gemeinde tut. Ich aber weiß, dass er nur eine kleine Kraft hat, aber meinen Namen nicht verleugnet. Er macht keine großen Worte, aber er steht dazu, dass er an mich glaubt – auch dort, wo es nicht einfach ist. Er missioniert nicht – oder fast nicht. Aber er bekennt. Besonders gefällt mir an ihm, dass er wirklich auf mein Wort hört. Jeden Sonntag besucht er den Gottesdienst – bisweilen in einer anderen Gemeinde. Und hinterher denkt er über das Gehörte so lange nach, bis er wenigstens eine Sache gefunden hat, die er umsetzen will. Und tut es dann auch. Ob es ein Dankeschön an seine Untergebenen ist oder ein Besuch bei einem alten Freund, das Bekennen einer plötzlich erkannten Sünde oder die Entscheidung, Zeit für seine Tochter terminlich einzuplanen. Solche Leute suche ich. Von ihnen geht ein Segen aus, der für die Menschen meist unsichtbar ist.

Oder denke an die junge Frau, die alle nur Daniela nennen und die keiner als erwachsene Frau sehen will.«

»Die mit dem Schönheitsfehler?«, fragte der Engel vorlaut. Christus warf ihm einen strengen Blick zu.

»So denken die Menschen. Sie hat eine andere Schönheit, die all diejenigen sehen, die genauer hinschauen.«

Schuldbewusst schlug der Engel die Augen nieder.

»Diese Daniela nimmt sich dreimal am Tag Zeit für das Gebet: frühmorgens, nach der Arbeit und vor dem Schlafengehen. Mit großer Treue betet sie für Arbeitskollegen, Freunde und Verwandte. So ernst nimmt sie das Gebet, dass sie es mehrfach abgelehnt hat, weitere Aufgaben zu übernehmen, obwohl sie manche in der Gemeinde deshalb etwas schief anschauen. Sie diskutiert und streitet nicht – sie betet lieber. Sie macht auch nicht mit bei Strategiedebatten und Konzeptentwürfen. Ich habe eine wichtigere Aufgabe, sagt sie. Wenn es solche Beter in größerer Zahl gäbe, dann würde man das in St. Martha wirklich wahrnehmen.

Und die dritte, der Unheil von dieser Gemeinde abwendet, ist Martin Noack. Ja, gerade der. Obwohl er schwere Schuld auf sich geladen hat. Er hat vor Jahren seine damalige Freundin gedrängt, ihr Kind abzutreiben, weil er sich nicht der Aufgabe stellen wollte, Vater zu sein. Heute, seitdem er wirklich Christ geworden ist, quält ihn sein Gewissen. Er erinnert sich oft an das fünfte und sechste Gebot. Er weiß, dass er Schuld ist am Tod des Kindes und dass er schuldig geworden ist an seiner damaligen Freundin. Und er weiß, dass er diese Schuld nie abzahlen kann. Er spendet zwar ungewöhnlich viel für Kinderhilfswerke und ist besonders lieb und freundlich, wenn er es mit Kindern zu tun hat – die Kinder und Jugendlichen aus der Nachbarschaft lieben und achten ihn deswegen sehr. Oft ist er der einzige Erwachsene, zu dem sie Vertrauen haben. Er tut das, weil er von seiner Schuld weiß. Aber er wird nie glauben, dass er selbst diese Sünde abarbeiten kann. Er kennt nur einen Trost: Mich. Mein Kreuz. Mein Leiden und Sterben. Er hat sich auch nicht dabei beteiligt, andere zu Sündenböcken zu machen. Er versucht auch nicht, in einem glänzenden Licht dazustehen. Dafür kennt er mich.

Diese drei – Noack, Daniela und Pioth – sie sind es, warum ich St. Martha in Frommenstadt nicht verderbe. Es gibt noch ein paar andere, aber an diesen dreien kann man sehen, was ich suche.

Also geh nun zu deinem Kollegen und überbringe ihm die Worte, die ich dir gesagt habe. Mehr zu sagen ist nicht nötig.«

Der Engel verneigte sich zum Abschied, wandte sich um und ging. Er hatte eine unerwartete Botschaft zu überbringen.

Da ging die Laterne aus

Vorlesezeit: ca. 6 Minuten

Obwohl die Engel wieder verschwunden waren, war es immer noch hell am Himmel. Den Weg nach Bethlehem kannte der junge Hirte, und da er für seine vierzehn Jahre ungewöhnlich kräftig war, kannte er auch in dieser gefährlichen Gegend keine Furcht. Trotzdem nahm Joas die Laterne mit, die er eigentlich gar nicht gebraucht hätte.

Die anderen waren schon vorangegangen. Sie hatten sich auf den Weg gemacht, das Kind zu suchen. Er aber war zurückgeblieben, hatte noch einmal nach dem kranken Schaf sehen wollen, wie er den anderen erklärt hatte. In Wahrheit aber wollte er alleine gehen, denn er hatte seine eigenen Vorstellungen.

Diesen Gedanken hing er nun nach, als er auf dem Weg nach Bethlehem war. Er versuchte sich vorzustellen, wie schön wohl das Haus sei, in dem der Retter geboren worden war. Es müsste ein ähnlicher Glanz von ihm ausgehen wie von den Engeln. Er stellte sich Musik vor, Fröhlichkeit, Lärm und Tanz. Ganz Bethlehem musste dort versammelt sein und Anteil nehmen. Und seine Eltern waren bestimmt vornehme, reiche und mächtige Leute – allgemein anerkannt und angesehen.

In solche Gedanken versunken, kam er schließlich nach Bethlehem und machte sich auf die Suche. Gleich am Eingang des Ortes, eigentlich noch vor der Stadt, sah er einen Schuppen – oder war es ein Stall oder gar eine Höhle? –, in dem ein kleines Licht flackerte. Er hörte eine Stimme, die in freudiger Erregung zu sprechen schien. Einen kurzen Moment dachte er, einmal dorthin zu sehen, dann ging er aber weiter. Er wollte doch das Kind aufsuchen, den Retter, den Sohn Davids – und dort, in diesem Schuppen, war er bestimmt nicht zu finden. Nein, dazu fehlte diesem Stall (oder was auch immer es war) ganz eindeutig die nötige Pracht und Herrlichkeit.

Er betrat die Stadt und begann zu suchen. Doch was er sich einfach vorgestellt hatte, erwies sich als außerordentlich schwierig. Da war kein Haus, von dem jener ungewöhnliche Glanz ausging, wie er die Engel umgeben hatte. Im Gegenteil – in den meisten Häusern war es dunkel, fast alle Bewohner schienen zu schlafen.

Da! Dort vorne schien man zu feiern. Eine große Gesellschaft stand beisammen, er konnte Musik hören, und das Haus war eines der schönsten der Stadt. Das musste es sein. Jonas ging entschlossen auf die Eingangstür zu und fragte den ersten Menschen, der herauskam: Ob hier ein Kind geboren sei, ein Sohn Davids, der Retter der Welt? Der Mann beäugte ihn unfreundlich, er sah – und roch – ganz genau, dass er es hier mit einem Hirten zu tun hatte. Was für einen Unsinn er sich da denn ausgedacht habe? Er müsse wohl betrunken sein – der Retter der Welt? Nein, hier feierte man Hochzeit, keine Geburt.

Der junge Hirte wandte sich ab. Er fand noch ein zweites Haus, in dem Lichter brannten, doch auch hier wurde er – etwas freundlicher zwar, aber dennoch – abgewiesen. Man wisse nichts von einem Sohn Davids. Hier habe nur eine Kuh gekalbt.

⁓

Und so ging es weiter. Mal wurde er ausgelacht, oft beleidigt. Hirten sah man nicht gerne innerhalb der Stadtmauern, sie hatten einen schlechten Ruf. Manchmal wurde er nur mehr oder weniger freundlich abgewiesen. Irgendwann stand er wieder am Eingang der Stadt und rätselte. Jetzt hatte er doch alle Straßen durchsucht. Wo konnte denn dieser angebliche Retter nur sein? Oder hatte der Engel nicht die Wahrheit gesagt? Und wo waren überhaupt die anderen Hirten? Die wollten doch auch nach Bethlehem gehen – er hätte ihnen doch längst über den Weg laufen müssen.

Aber es half nichts. Er musste einsehen, dass er das Kind nicht gefunden hatte. Er war tief betrübt – sollte er der Einzige sein, der dieses Wunder verpasste? Er konnte schon die stichelnden Fragen und Kommentare der anderen hören: Was, wie konntest du das übersehen? Hast du es wirklich nicht gefunden – das war doch offensichtlich und so weiter. Mit einem Knoten im Magen und einem Kloß im Hals machte er sich auf den Heimweg.

Nach einigen Hundert Metern erschien wieder dieser Stall in seinem Blickfeld. Ein Stall? Oder doch eine Höhle? Es ließ sich nach wie vor nicht erkennen. Immer noch brannte dort Licht. Er konnte es sich nicht erklären, doch irgendwie schien eine friedvolle Stimmung von diesem Licht auszugehen. Sollte er nicht doch noch hingehen und nachschauen? Vielleicht war das Kind ja doch gerade dort zu finden?

Einen Moment lang zögerte er; dann gab er sich einen Ruck: Nein! Ganz sicher nicht! Das kann nicht stimmen! Der Retter der Welt liegt ganz bestimmt nicht in einem Stall. Er wird in einem Palast geboren, oder zumindest in einem Adelshaus. Dort, wo Glanz und Herrlichkeit sind, wo Musik und Feierlärm sind, nur dort kann er sein! Er hatte die Engel doch gesehen – sie hätten keinen Königssohn verkündet, der irgendwo im Mist lag. Entschlossenen Schrittes wandte er sich von jenem Licht ab.

Im selben Augenblick ging seine Laterne aus.

Gerade hatte sie noch einwandfrei gebrannt, hatte kein Anzeichen eines Erlöschens gemacht. Trotzdem war sie nun einfach ausgegangen. Der junge Hirte war verwirrt. Ganz sicher hatte er genug Öl in der Lampe – mehr als genug, um bis zum nächsten Morgen zu reichen. Er spürte auch keinen Wind. Wieso war seine Lampe ausgegangen?

Na gut, so schlimm war es auch nicht. Die Nacht war hell, er würde seinen Weg schon finden.

Er hatte den Gedanken noch nicht fertig gedacht, da verdunkelte sich der Himmel, als wäre der Glanz, den die Engel mitgebracht hatten, endgültig verblasst. Vor den eben noch leuchtenden Mond hatte sich eine dunkle Wolke geschoben. Jetzt war es völlig finster um ihn. Bei dieser Dunkelheit würde er den Weg nie finden.

Auf einmal bereute er es, dass er sich von den anderen getrennt hatte. Was sollte er jetzt tun? Sollte er hier die Nacht verbringen? Allein? Das wäre keine gute Idee.

Er drehte sich noch einmal um. Da war es wieder, das kleine Licht aus dem Stall. Dort waren Menschen. Sicherlich keine reichen Leute, niemand Angesehenes oder Bedeutendes; aber Menschen. Besser als der Wegesrand war es allemal.

Ich habe wohl gar keine andere Wahl, dachte Joas und ging mit vorsichtigen Schritten auf den Stall zu.

Nicht einmal Stroh

Vorlesezeit: ca. 7 Minuten

Begonnen hatte alles mit dem Hinweis einer Arbeitskollegin. Luisa hatte mir vorgeschlagen, den kleinen Weihnachtsurlaub nicht in den Alpen, sondern im Frankenwald zu verbringen. Auch eine Unterkunft im Umkreis des Kurortes Bad Steben wollte sie mir noch vermitteln, mit der sie sehr gute Erfahrungen gemacht hatte. *Warum eigentlich nicht*, dachte ich und ging schließlich auf den Vorschlag ein. Damit begann das Abenteuer.

Von Westen her kommend gönnte ich mir in einem Café in Kronach noch einen späten Cappuccino. Ich war zugegebenermaßen etwas enttäuscht. Ich genoss zwar den Reiz der sogenannten Oberen Stadt mit ihren alten Häusern, aber der Schnee, der fiel, war kaum von Regen zu unterscheiden. Von wegen *Weiße Wälder, weiße Fluren*, wie es bei dem Sänger hieß, von dem Luisa mir eine Aufnahme zugesandt hatte.

Als ich dann aber gen Osten weiterfuhr, begann sich die Landschaft zu ändern. Je mehr sich die Straße in den Frankenwald hineinwand, desto mehr Weiß war an den Hängen zu entdecken. Schließlich erreichte ich die Abzweigung nach Bad Steben. Die Straße wurde schmaler. Eine Bahnlinie kreuzte. Weiter.

Auf einmal fiel mir auf, dass ich schon länger nicht mehr durch eine Ortschaft gefahren war. Eine Abzweigung nach rechts. Nochmals die Bahnlinie. Ob hier überhaupt noch ein Zug fuhr? Dann: Rechts zwischen den Gleisen leuchteten zwei Augen. Ich sah genauer hin. Ein Fuchs! *Großartig*, dachte ich, *großartig!* Wie lange hatte ich schon keine Wildtiere mehr gesehen? Ich hatte sie vermisst.

Inzwischen war es ringsum weiß geworden, selbst auf der Straße lag Schnee – kein Wunder bei dem geringen Verkehr. Einer Laune folgend legte ich die CD von Luisa mit der Aufnahme ein.

»Weiße Wälder, weiße Fluren. Weihnacht ist's im Frankenwald«, dudelte es aus den Lautsprechern.

Ja, das stimmt, dachte ich. Mich packte die Abenteuerlust. Ein Blick auf die Uhr: Ich hatte noch Zeit, mein Kommen war erst gegen neun angekündigt. Die kleine Straße, an der ich vorhin vorbeigekommen war, die wär doch was! Wozu habe ich schließlich einen Geländewagen?

Eine günstige Stelle zum Wenden fand sich ein Stück weiter. Zurück. Die Abzweigung. *Halt!* Sicherheitshalber schaltete ich den Vierradantrieb und die Differenzialsperre zu – man weiß ja nie. Nun ging es hinein ins Unbekannte. Links stieg der dicht bewaldete Hang an, rechts standen teilweise Alleebäume, dahinter Wiesen, ab und an ein Fischteich.

Noch einmal sah ich Augen blinken. Meine Begeisterung war groß. Vorsichtig schaltete ich einen Gang runter – das heißt: Ich versuchte es. Statt den neuen Gang einzulegen, rührte ich im Getriebe. Zurück in den Dritten – ging nicht. Der erste, der vierte. Nichts. Vierradantrieb aus – vergeblich.

Ich stieß einen fürchterlichen Fluch aus. Auf so einer abgelegenen Straße mitten im Wald an so einem Tag muss das passieren! Was tun? Die Wirtsleute anrufen! Handy raus. Wählen. Nichts. Ich stieg aus. Nochmals. Das gleiche Ergebnis. Ich sah mich etwas um. Wahrscheinlich ein Empfangsloch. Links und rechts Berge, eigentlich nicht erstaunlich.

Sollte ich hier warten? Wer weiß, wann hier einer kommt? Also besser zu Fuß zur nächsten Ortschaft.

Ich zog mich warm an, steckte das Handy ein und marschierte los. Es dauerte gar nicht lange, da sah ich es. Jenes Haus. Immer wieder muss ich daran denken – ich träume sogar davon. Ein schönes, reizvolles Haus. Auf zwei Pfeilern ruhte ein Vorsprung, das Dach war teilweise geschiefert. Ob hier jemand war, der mir helfen konnte? Doch ich brauchte die Frage eigentlich nicht zu stellen, das ganze Haus war dunkel. Beim Näherkommen stellte ich fest, dass dort, wo einst die Fenster waren, nur noch Höhlen ins Leere starrten. Da wohnte niemand mehr.

Gegenüber lag eine Art Brunnen, aber dafür hatte ich jetzt keinen Sinn. Noch ein Haus. Genauso tot. Ein Schuppen.

Weiter.

Weiter.

So stapfte ich durch die Geisterstadt im Schneegestöber. Es ging ordentlich bergauf. Spitzkehren. Kommt denn hier keiner vorbei, der mich mitnehmen kann? Nein, es kam niemand.

Erst als ich endlich den Waldrand erreicht hatte und die weite offene Fläche vor mir sah, über die der Wind die weißen Flocken trieb – mir graute bei dem Gedanken, da entlang gehen zu müssen –, erst in diesem Moment dachte ich wieder an das Handy. Natürlich. Jetzt war ich erfolgreich.

Eine halbe Stunde später stand ich schon unter der Dusche, noch mal eine halbe Stunde später nahm ich eine kräftige, warme Mahlzeit zu mir, die meine gastfreundlichen Wirtsleute auf die Schnelle zubereitet hatten. Aber ich war völlig fertig, müde, erschöpft. Immer noch durchgefroren, genehmigte ich mir einen heißen Tee mit viel, viel Rum und ging fiebernd ins Bett. Das Letzte, was ich schaffte, war noch ein Blick auf die Karte, die sie mir auf den Nachttisch gestellt hatten. Eine einfache, aber schöne Darstellung: Maria auf dem Esel mit dem Kind, Josef, ein Spruch von irgendeinem Meister Eckehart. Sinngemäß: *Wenn Jesus hundertmal in Bethlehem geboren wäre, würde es dir nichts nützen, solange er nicht in dir geboren ist.*

So ein Krampf, dachte ich noch und schlief ein.

Der Schlaf aber war nicht besser als der Fußmarsch. Wilde Träume begleiteten mich. Ich wanderte, ohne ein Ziel zu kennen, und ein Fuchs sagte mir ständig: *Du gehst in die Irre.* Ich brauchte Hilfe. Doch die Häuser ringsum waren tot und leer.

Schließlich kam ich zu meinem eigenen Haus, nur war es genauso tot wie das Haus meiner Wanderung. Trotzdem war es irgendwie meins – ein schönes Haus, eine glänzende Fassade. Ich ging hinein. Das erste Zimmer war leer. Ebenso das zweite und dritte. Ich ging durchs ganze Haus. Alle Zimmer waren leer, und mir begann zu grauen. Ich wollte wieder zum Ausgang gehen. Da sah ich einen Mann, hinter sich eine Frau – hochschwanger – auf einem Esel, leise stöhnend.

»Hier«, sagte der Mann, »hier ist Platz. Hier können wir das Kind bekommen.«

»Nein«, sagte die Frau. »Hier ist kein Leben, hier ist alles tot. Dort drüben im Schuppen steht wenigstens ein Ochse. Hier dagegen gibt es nicht einmal Stroh, auf das ich mich legen kann.«

»Wartet!«, wollte ich schreien. Ich wünschte mir mit einem Mal, dass diese Familie in meinem Haus blieb. Ich wollte nicht mehr allein sein. Ich wollte Leben in meinem Haus haben. »Wartet!«, versuchte ich zu rufen, doch im selben Moment wachte ich auf.

Schweißgebadet lag ich in meinem Bett, versuchte zu verstehen, was ich da eben geträumt hatte. Ich kam nicht dazu – meine Blase drückte; ich musste wohl doch vor dem Zubettgehen recht viel getrunken haben. Ich wollte aufstehen, als mein Blick erneut auf die Karte fiel. Dieser Mann, die Frau, der Esel – das war sie, die Familie, die ich in meinem Traum gesehen hatte. Darunter der Spruch: ... *würde es dir nichts nützen, wenn er nicht in dir geboren wäre.*

In mir? Ich erinnerte mich: Ja, ich fühlte es (wie man solche Dinge eben in einem Traum fühlt): Das Haus, das war ich selbst gewesen. Und Maria hatte lieber woanders hingehen wollen als zu mir, um ihr Kind auf die Welt zu bringen. Ich wollte den Gedanken fortwischen, doch er ließ sich nicht vertreiben. »Hier ist alles tot«, hatte die Frau gesagt. »Hier gibt es nicht einmal Stroh.« Bei mir? In mir? Ist denn in mir kein Leben?

Immer wieder habe ich seitdem versucht, diese Geschichte zu vergessen. Die Fahrt, das Haus, vor allem den Traum. Es gelingt mir nicht. *Träume sind Schäume*, sage ich mir, aber los werde ich ihn dadurch auch nicht. Dieses fromme Zeug ist nicht meins. Aber dass Maria nicht zu mir wollte, das ärgert mich.

»Das ist doch nicht wahr!«, behaupte ich, um mich vor mir selbst zu rechtfertigen.

Aber eine Stimme in mir widerspricht jedes Mal: *Ist es doch. Du weißt es – dein Herz hat es dir gesagt, und dein Kopf hat es dir gezeigt.*

Wenn ich zu Hause bin, dann werde ich in diesem Jahr einen Weihnachtsgottesdienst aufsuchen, das nehme ich mir fest vor.

Tryphosa[3]

Vorlesezeit: ca. 11 Minuten

Sie hielt das nicht mehr aus. Das war einfach zu viel.

Tryphosa hatte sich in ihr stilles Kämmerlein verkrochen und weinte hemmungslos. In ihrer Verzweiflung hatte sie sich zu Boden geworfen und heulte. In ohnmächtiger Wut schlug sie immer wieder mit ihrer Faust auf den Fußboden. So konnte das nicht weitergehen.

Mein Kind, dachte sie immer wieder, *mein Kind*.

Gerade hatte ihre Tochter Tryphäna wieder einen ihrer Anfälle gehabt – noch schlimmer als alle vorhergegangenen. Dabei hatten es sich ihre erwachsenen Brüder schon längst angewöhnt, ihr aus dem Weg zu gehen, wenn der böse Geist sie wieder einmal packte. Sie wussten, dass das Mädchen dann eine unerklärliche Kraft entfaltete, gegen die sie nicht ankommen konnten. Selbst Andronikus, der Nachbarssohn, der immer dann gerufen wurde, wenn man einen so richtig starken Mann brauchte, selbst er ging der Besessenen bei diesen Gelegenheiten aus dem Weg.

Dabei wäre es längst Zeit für das Mädchen, einen Mann zu suchen. Aber welcher junge Mann würde sich denn auf eine Ehe mit ihrer Tochter einlassen? Würde Tryphäna am Ende genauso außerhalb der Stadt in Höhlen hausen müssen wie jener Besessene vor Tyrus, vor dem jeder Angst hatte?

Ausgerechnet ihr, Tryphosa, musste das zustoßen! Ausgerechnet ihr, die mit jedem Menschen in Frieden leben wollte. Die ihren Freundinnen am liebsten bei jeder Begegnung auch auf offener Straße um den Hals fallen würde, die keinen Streit vertrug und deshalb immer nachgab. Wenn ihr Mann nicht wäre, würde sie rücksichtslos ausgenützt, das wusste sie selbst.

Sie musste an ihre jüdische Freundin Rahel denken. Rahel, die zwei Häuser weiter wohnte und die, so wie sie selbst, einem Tratsch auf der Straße einfach nicht widerstehen konnte. Rahel, mit der sie stundenlang plaudern konnte, die sich aber weigerte bei den wunderbaren Götterfesten teilzunehmen, die nie mit ihr zusammen aß. »Von unreinen Speisen darf ich nicht essen, das weißt du doch«, sagte sie immer. Rahel, die nicht einmal in Tryphosas Haus herüberkam, weil dort doch ein Kind von ihr begraben war, das zwei Tage nach der Geburt schon gestorben war: »Da mache ich mich unrein«, lautete der Spruch der Jüdin. Es tat Tryphosa jedes Mal weh, jedes Mal. Es bereitete ihr geradezu körperlichen Schmerz. So sehr war sie danach bestrebt, mit jedem Menschen eins zu sein.

Und dann musste gerade ihr das zustoßen! Gerade sie musste eine Tochter haben, die von einem bösen Geist besessen war.

Am liebsten würde ich sterben!, dachte Tryphosa.

Da hörte sie, wie jemand in ihr Haus kam und, ohne vorher zu fragen, in das Kämmerlein stürzte. Wütend fuhr sie herum, denn das gehörte sich nicht. Sie erstarrte.

»Rahel, du?«, rief sie fassungslos. »Du machst dich doch unrein!«

Ihre Freundin war noch ganz außer Atem. »Nicht so schlimm«, japste sie. »Nur für sieben Tage.«

Etwas ganz Außergewöhnliches, etwas sehr Wichtiges musste geschehen sein.

Endlich brachte die Jüdin ihre Worte heraus. »Jesus«, stammelte sie, »aus Nazareth!«

Tryphosa erinnerte sich sehr gut. Diesen Namen würde sie nicht vergessen. Rahel war wiedergekommen von einem Besuch bei Verwandten, die am See Genezareth wohnten, und hatte von dem Wanderprediger und Wunderheiler erzählt und schließlich hinzugefügt: »Der könnte auch deiner Tryphäna helfen! Ganz bestimmt.«

Ohne nachzudenken, raffte Tryphosa ihr Gewand und gürtete es in der Taille. Sie wusste, wenn dieser Jesus wirklich hier war, dann musste sie schnell handeln.

»Was ist mit ihm?«, fragte sie.

»Auf der Straße nach Tyrus! Er wurde gesehen, er ist auf dem Weg nach Tyrus.« Rahels Stimme überschlug sich vor Aufregung.

»Hier? Bei uns?«, fragte Tryphosa ungläubig.

»Ja! Er ist leicht zu erkennen. Hat ungefähr fünfzehn Männer bei sich. Vielleicht auch ein paar Frauen. Man erkennt sofort, dass sie aus Galiläa stammen. Der mit dem hellen Gewand, das ist Jesus.«

Tryphosa drückte ihrer Freundin einen Kuss auf die Backe und stürzte ohne ein weiteres Wort hinaus. Aus der Kammer und dem Haus hinaus auf die Straße. Sie rannte, wie sie es zuletzt als Kind getan hatte. Eine Nachbarin sah ihr mit weit aufgerissenen Augen nach, denn es gehörte sich nicht, dass eine erwachsene Frau so rannte. Tryphosa merkte das gar nicht. Sie lief und lief. Vorbei an einer Gruppe von Männern, die sie mit offenem Mund anstarrten – sie beachtete es nicht. Einer von ihnen sagte: »Hat sie jetzt auch einen bösen Geist?« Sie hörte es nicht. Eine Freundin kam ihr entgegen, mit der sie sonst stundenlang plaudern und lachen konnte – sie lief grußlos an ihr vorüber.

Sie merkte, wie ihr langsam die Luft ausging. Also hörte sie auf zu rennen und ging nun eilig mit langen Schritten, aber etwas langsamer weiter. Aber nicht lange. Kaum fühlte sie ihre Kräfte zurückkehren, begann sie wieder zu laufen. Vorbei an dem Olivenhain ihres Bruders. Vorbei an den Feldern ihres Mannes. Sie überholte den Händler mit seinem schwer beladenen Esel – sie schaute ihn nicht an. Ein paar Frauen kamen ihr entgegen, sie beachtete sie nicht. Mochten sie denken, was sie wollten – wenn sie nur diesen Jesus einholen konnte!

So schnell sie aber auch lief und ging, noch hatte sie den Wundermann nicht getroffen. Jetzt war es bis Tyrus nicht mehr weit. Hatte Rahel nicht richtig zugehört? War Jesus am Ende in eine ganz andere Richtung unterwegs? Dann aber, schon kurz vor Tyrus, sah sie die Gruppe von Männern. Das mussten sie sein! Schnell kam sie näher, denn diese Leute hatten es anscheinend nicht eilig. Der Mann in dem hellen Gewand schien den anderen etwas zu erklären. Das musste Jesus sein!

Sie begann laut zu rufen: »Jesus! Hilf mir!«

Die Männer gingen einfach weiter, ohne sie zu beachten. Also rannte sie nochmals ein Stück des Weges. Jetzt musste man sie doch hören! Noch mal rief sie: »Jesus! Herr! Du Sohn Davids!« Sie hatte von Rahel gehört, dass man ihn so nannte. »Du Sohn Davids! Erbarme dich über mich!«

Dieses Mal war sich Tryphosa sicher, dass man ihr Rufen gehört und verstanden hatte. Zwei der Männer redeten auf Jesus ein. Er aber antwortete nur knapp und schüttelte den Kopf.

Die Gruppe um den Prediger kam an das Stadttor von Tyrus und ging hindurch. Tryphosa folgte ihnen. Immer näher kam sie an Jesus heran.

Ein drittes Mal rief sie: »Hab Mitleid mit mir! Meine Tochter wird von einem bösen Geist geplagt. Sohn Davids, hilf!«

Der Galiläer beachtete sie nicht. Stattdessen ging er auf ein Haus zu und trat dort ein.

Ich werde dich erst in Ruhe lassen, wenn du meiner Tochter geholfen hast!, dachte Tryphosa entschlossen und wandte sich ebenfalls dem Haus zu. Zwei Jünger standen im Türrahmen und versperrten ihr den Weg. Sie quetschte sich irgendwie zwischen den beiden hindurch und stand im Raum. Ein anderer Mann wollte sie mit ausgestrecktem Arm aufhalten. Sie schlüpfte unter ihm hindurch. Dann aber stand noch ein Mann vor ihr, der letzte, der sie von dem Prediger trennte. Er war viel größer als sie und bestimmt doppelt so schwer. An ihm gab es kein Vorbeikommen. Ohne sich zu besinnen, schob sie ihn beiseite mit einer Kraft, von der sie nicht wusste, woher sie sie hatte, und warf sich vor Jesus auf den Boden nieder.

Jetzt konnte er sie nicht mehr übergehen! Und tatsächlich. Er redete sie an: »Ich bin nur gesandt zu den verlorenen Schafen des Volkes Israel.«

Was? Hartnäckig brachte sie nochmals ihr Anliegen vor. Die Antwort des Wunderheilers drang ihr wie eine glühende Speerspitze in die Brust: »Es ist nicht recht, dass man den Kindern ihr Brot wegnimmt und es vor die Hunde wirft.«

Tryphosa ertrug keine harten Worte, so wie sie ja auch keine Auseinandersetzung aushielt. Ein ungeheurer Drang ergriff sie, aufzustehen und davonzulaufen, wenn auch heulend und klagend. Aber sie zwang sich mit äußerster Willenskraft standzuhalten. Es war ihr, als ob es sie innerlich in zwei Teile risse. Einerseits übte dieser Mann eine so große Anziehungskraft auf sie aus, dass sie sich danach sehne, mit ihm einig zu sein. Auf der anderen Seite stieß er sie mit derart harten Worten von sich. In ihrer Verzweiflung bäumte sich in ihr eine wilde Entschlossenheit auf, sie hielt den inneren Zwiespalt aus, zwang sich, das hin- und hergerissene Ich und Du nicht aufzulösen.

Sie wollte diesen Fremden einen Fremden sein lassen und trotzdem in seiner Nähe bleiben.

Da geschah etwas ganz Eigenartiges. Vor ihrem inneren Auge erschienen schattenhaft zwei Frauengestalten, die sich völlig glichen. Diese beiden Schatten bewegten sich aufeinander zu, bis sie schließlich zu einer einzigen verschmolzen. Das Gefühl, in zwei Teile auseinanderzureißen, schwand langsam dahin.

Dann hörte sie ihre eigene Stimme und erschrak kurz selbst darüber, was sie sagte: »Ja, Herr. Aber doch fressen die Hunde von den Brosamen, die vom Tisch ihrer Herren fallen.«

Auf einmal war sie völlig ruhig.

Nach einem kurzen Schweigen sagte der Nazarener: »Frau, dein Glaube ist groß. Geh hin! Der böse Geist ist von deiner Tochter ausgefahren.«

Tryphosa erhob sich verwundert. Sie hätte nicht sagen können, warum, aber in diesem Augenblick wusste sie, dass Tryphäna wirklich frei geworden war. Ja, mehr noch: Sie spürte, dass sie selbst heil geworden war. *Diese beiden Frauen in diesem inneren Bild gerade eben – das bin ich!*, dachte sie. *Beide Frauen war ich. Die linke ebenso wie die rechte. Ich war zwei. Jetzt bin ich nur noch eine.*

Sie sah Jesus an. Sein Gesicht war nicht mehr abweisend. Freilich, Abstand haltend. So ähnlich wie bei Rahel manchmal, aber doch freundlich. Tryphosa verbeugte sich tief und schritt zur Tür. Die Begleiter Jesu machten ihr bereitwillig den Weg frei. Einige von ihnen lächelten ihr sogar freundlich und mut-machend zu.

Dann stand sie wieder auf der Straße. Sie versuchte noch ein-mal darüber nachzudenken, was sie da selbst gesagt hatte. Sie konnte aber nicht denken. Stattdessen war es ihr, als würde in ihr eine Stimme aus tiefstem Herzen *Ich* sagen. *Ich*. Immer wieder nur dieses eine Wort: *Ich*.

Sie ging ein paar Schritte, setzte sich auf einen Stein, der dort lag, und ließ dieser inneren Stimme einfach Raum. Sie hörte nicht, was um sie herum geschah. Sie sah nichts, sie dachte nichts. Sie sprach nur immer wieder in ihrem Inneren *Ich*. Immer wieder dieses eine Wort.

»Ich. Ich. Ich.«

Ungefähr eine Stunde lang saß Tryphosa auf diesem Stein, immer nur dieses eine Wort sprechend. Dann wurde die Stim-me in ihr leiser, begann sich zu verlieren. Gleichzeitig fing sie an, nach und nach wieder ihre Umgebung wahrzunehmen. Langsam kamen ihr auch die Gedanken wieder, die sie vor-erst bewusst nicht aufnehmen wollte, um den Eindruck der vergangenen Stunde nicht zu zerstören.

Nach einer Weile erhob sie sich und machte sich wieder auf den Heimweg. Sie ging langsam, ohne Hast und Eile. In ihrem Inneren empfand sie einen Frieden, den sie noch nie gekannt hatte.

Auch auf dem Rückweg ging sie jedem Gespräch bewusst aus dem Weg. Als sie nach Hause kam, fand sie ihre Tochter ruhig schlafend auf dem Bett. Auch sie wirkte müde und matt, zugleich aber friedlich und glücklich.

Der Meister aus Nazareth hatte die Wahrheit gesprochen. Der böse Geist hatte ihr Mädchen verlassen.

In der Krippenausstellung

Vorlesezeit: ca. 7 Minuten

Zunächst war ich von dieser Krippe ganz begeistert. Diese Figuren! Diese Häuser! Diese Landschaft! Das sah alles so lebensecht aus. Bei den Menschen hatte man direkt den Eindruck, sie könnten sofort anfangen, sich zu bewegen. Die Gesichtszüge waren unglaublich fein modelliert. Die Proportionen stimmten. Die Körperhaltung passte. Die Sträucher sahen wirklich wie solche aus, ebenfalls die Häuser. Man dachte unwillkürlich: Genau so muss es seinerzeit in Bethlehem ausgesehen haben. Genau so.

Während ich aber noch in die Betrachtung versunken dastand, ließ Jennifer auf einmal voller Empörung ihr helles Stimmchen vernehmen:

»Mama, wo ist denn da das Jesuskind? Und Maria und Josef?«

Erst in diesem Augenblick fiel mir auf, dass bei der Darstellung der Ortschaft mit all den Menschen und Tieren das Wichtigste fehlte: die eigentliche Krippe mit allem, was so dazugehört. Da sagte auch schon Sybille:

»Du hast recht, Jenni. Ich kann die Krippe nicht entdecken.« Und nach einer kurzen Pause, mehr zu mir hin: »Das ist schon ein starkes Stück!«

»Na, dann müssen wir einfach mal ein wenig suchen«, meinte ich beschwichtigend. Natürlich war es Timo, der sie als Erster entdeckte: »Da links hinten, unten, ganz am Rand«, sagte er, ging auf die andere Seite und zeigte mit dem Finger darauf.

Wir schauten sie uns an. Vor einer Höhle ein kleiner Vorbau. Darin Maria und Josef, das Kind in der Krippe, Ochs und Esel dahinter. Die Figuren wirkten viel normaler als die anderen oben in der Ortschaft. Auch glichen sie nicht unbedingt denen, die man sonst in Krippen sieht. Maria und Josef dachten nicht daran, mit ergriffener Geste das Kind anzubeten. Man hätte eher meinen können, es handele sich um ein ganz normales, ziemlich geschafftes Ehepaar, das eben erst unter ungünstigen Umständen ein Kind bekommen hatte.

»Und wo sind die Hirten? Und die Schafe? Und der Engel?«, fragte Jennifer wieder. Timo wechselte seinen Standort nochmals, stellte sich wieder auf die rechte Seite und zeigte mit dem Finger darauf: »Hier«, sagte er. Auch die Hirten mussten sich mit einem Platz ganz am Rande der Darstellung zufriedengeben. Am schlimmsten aber war es mit dem Engel: Er stand so, dass man Angst hatte, er könnte jeden Moment hinunterfallen.

»Also ich finde das unerhört!«, sagte Sybille mit zornbebender Stimme. Ich kenne meine Frau gut genug und hatte deshalb einen Moment lang Angst, sie könnte jetzt anfangen, alles umzustellen, oder zu den Verantwortlichen zu gehen und sich zu beschweren. »Man kann doch die Heilige Familie nicht so an den Rand stellen, dass man sie suchen muss – während man all diese anderen Leute sofort sieht!« Ihre Augen funkelten erbost. »Dem, der das gemacht hat, geht es doch gar nicht um Weihnachten! Der benützt das Jesuskind doch nur, um ganz andere Dinge darzustellen. Der will doch nur zeigen, wie gut er Figuren machen kann. So eine Krippe hat hier in dieser Ausstellung nichts zu suchen!«

Ich wollte kein Aufsehen erregen und machte deshalb eine beschwichtigende Handbewegung, obwohl ich wusste, dass Sybille sich jetzt nicht mehr so schnell würde stoppen lassen. Und in der Tat, schon setzte sie ihre Darlegungen fort:

»Und schau dir diese Menschen in der Ortschaft doch einmal an: Diese beiden Frauen streiten sich! Wenn man die so sieht, meint man, gleich fangen sie an, sich zu prügeln. Das ist doch kein Vorbild für Kinder. Oder hier« – sie zeigte mit dem Finger auf zwei Eheleute, die sich mit grimmigen Blicken ansahen –, »was ist denn das für eine Partnerschaft? Und das hier ist doch Tierquälerei!« Sie verwies auf einen Esel, der so angebunden war, dass er das saftige Gras vor seinen Augen gerade nicht mehr fressen konnte, obwohl er es anscheinend gerne getan hätte.

»Und der Vater hier, der seinen Sohn schlägt!« Ihre Hand bewegte sich so schnell dorthin, dass ich einen Augenblick dachte, sie würde die Figuren zertrümmern. »Es ist ja schlimm genug, dass er es überhaupt tut! Aber man hat nicht einmal den Eindruck, dass es wirklich eine Strafe für irgendein Vergehen ist! Nein, man meint, er lässt nur seine Wut über irgendetwas an dem unschuldigen Kind aus!«

Wir anderen mussten ihr recht geben, es sah tatsächlich so aus. Sybille aber war noch nicht am Ende: »Und hier, dieser aufgeblasene reiche Kerl da! Wie selbstgefällig der durch die Gegend läuft. Das ist doch kein Vorbild für Kinder! Und seht ihr, wie sein Knecht ihm hinterhersieht?«

»Voller Hass«, beantwortete Timo ihre Frage.

»Ja eben! Ich dachte, es heißt in der Weihnachtsgeschichte: Frieden auf Erden! Was soll das?«

Langsam hatte sich Sybille ihren Zorn vom Herzen geredet. Und so passte es sehr gut, dass Timo noch mal eine *seiner* Entdeckungen erwähnte: »Also, ich finde, bei Maria und Josef und dem Kind, da ist schon Friede. Und bei den Hirten auch!«

Wir schauten uns beide Szenen an, diesmal etwas gründlicher. Timo hatte recht. Bei den Hirten sah man keine grimmigen Gesichter, sondern frohe Erwartung. Eigentlich sahen sie so aus wie unsere Kinder, wenn es auf die Bescherung zugeht. Während man oben in der Ortschaft lieber nicht sein wollte, wäre man mit diesen Hirten gerne mitgegangen.

Und gar erst die Heilige Familie: Josef wirkte richtig liebevoll. Als ob er zu seiner Maria sagen würde: *Wir gehören zusammen! Ich bleib bei dir, was auch passiert.* Und Maria! Natürlich, sie sah nun mal aus wie eine junge, müde Mutter, die glücklich ist über ihr Kind. Nichts Heiliges dabei, gewiss. Aber gerade deshalb war diese Szene schön. Das Kind schlief – wirklich so, als ob es Frieden hätte. Sogar Ochs und Esel sahen glücklich aus – ganz im Gegensatz zu den Tieren oben in der Ortschaft.

»Du hast recht, Timo«, sagte Sybille schließlich. »Das ist richtig friedlich. Da würde man gerne sein.«

Wir standen noch eine ganze Weile und ließen den Anblick auf uns wirken. Zum Glück waren wir außerhalb der Stoßzeiten gekommen und konnten so in Ruhe alles betrachten, ohne anderen im Weg zu sein. Wie wohltuend und dennoch lebendig die ganze Darstellung war, konnte man auch daran erkennen, dass keines der Kinder unruhig wurde und drängelte. »Wirklich schön«, sagte ich nach einer Weile. Meine ganze Familie stimmte mir zu.

Dann aber kamen meiner Frau nochmals Bedenken: »Sag mal: Ich verstehe ja, dass der Künstler das so darstellen will: den Frieden in der Heiligen Familie und bei den Hirten und den Unfrieden bei den anderen...« Sie sah mich fragend an: »Aber warum hat er die eigentliche Krippe derart an den Rand gequetscht, dass man sie erst suchen muss? Meinst du, das ist Absicht?«

»Wahrscheinlich«, meinte ich, denn ich hatte mir inzwischen meine Gedanken gemacht. »Vielleicht will er ja einfach nur darstellen, wie es bei vielen Leuten zugeht?«

Sybille blieb stehen – wie immer, wenn ein Gedanke sie stärker in Beschlag nahm.

»Schau«, sagte ich. »Bei vielen Leuten ist das Jesuskind ganz an den Rand gedrängt. Stattdessen geht es während der Feiertage um alles Mögliche andere, was mit Weihnachten eigentlich gar nichts zu tun hat. So, wie du es vorhin gesagt hast: Für den, der das gemacht hat, ist Weihnachten doch nur ein Vorwand, um interessante Figuren herzustellen. Wahrscheinlich hat der sich das aber gut überlegt. Er will nur zeigen, dass es bei vielen Leuten genauso ist. Irgendwie sind die Menschen doch auch so. Erinnerst du dich an das letzte Weihnachten? Wie das Ehepaar Richter sich gestritten hat, mit welcher Lautstärke, und wie lange? Da hat man wirklich gedacht, gleich fangen sie an, sich zu schlagen.« Sybille und Tina nickten. »So wie hier in dieser Krippe.«

Wieder schwiegen wir eine Weile. Dann aber musste Jennifer noch etwas loswerden: »Also, ich finde das richtig gemein, dass das Jesuskind da so am Rand steht. Das gehört doch in die Mitte!«

Sybille und ich schauten uns an und überlegten, was wir sagen sollten, da kam uns Timo zuvor: »Damals bei dem wirklichen Jesuskind war es doch auch so. Sonst hätten Maria und Josef gar nicht erst in einen Stall gehen müssen.«

Meine Frau und ich wechselten einen weiteren Blick. Wir dachten beide dasselbe: *Ganz schön klug, unser Sohnemann!* Dann aber sagte Sybille etwas, was ich nicht vergessen werde: »Also, wir wollen es anders machen. Bei uns soll das Jesuskind in der Mitte stehen und nicht am Rand. Oder was denkt ihr?«

Die Kinder nickten, Jennifer sogar besonders heftig.

Und ich? Ich habe auch genickt.

Stille Nacht

Vorlesezeit: ca. 6 Minuten

»Könnt ihr mal alle kurz herhören?«, ertönte Christophs laute Stimme. Sofort kehrte Ruhe in dem Raum ein, der bis dahin mit Gespräch und Musik erfüllt gewesen war.

»Ich habe einen Vorschlag. Ich finde, wir sollten uns jetzt einmal auf unsere Plätze setzen und eine Minute lang einfach nur still sein.«

Mit grenzenloser Verblüffung beobachtete Friedhelm, wie dieser Vorschlag ohne Ausnahme von allen Freizeitteilnehmern sofort in die Tat umgesetzt wurde – ohne die geringste Diskussion, ohne Abstimmung. Einfach so.

Alle setzten sich auf ihre Plätze: Sieglinde und Ingrid, die gerade noch mit ihren Flöten die nicht enden wollende Reihe von Advents- und Weihnachtsliedern begleitet hatten. Gerd, der in erstaunlicher Virtuosität am Klavier dazu gespielt hatte. Angela, Mechthild, Gunter und all die anderen, die so begeistert dazu gesungen hatten. Katharina, die in irgendeinem Ordner geblättert, und Martina und Carsten, die nicht so gerne sangen und sich lieber angeregt und gut unterhalten hatten. Auch Friedhelm selbst setzte sich bereitwillig. Anscheinend hatte er in Wahrheit nur auf so etwas gewartet. Doch – das empfand er genau –, der Vorschlag hatte etwas für sich.

Er schloss kurz die Augen. Diese Stille tat gut. So schön dieses Singen gerade gewesen war, so wohltuend er es fand (nicht umsonst liebte er selbst die meisten dieser Lieder) – diese Ruhe war richtig angenehm. Nicht noch mehr Eindrücke aufnehmen müssen. Nicht noch mehr Dinge in sich hineinlassen.

Keiner sagte etwas. Christoph blickte hin und wieder etwas im Kreis herum. Lydia schien zu beten. Carsten hielt die Hand vor die Augen, als ob er ganz und gar für sich sein wollte. Friedhelm tat es ihm nach – gerade danach hatte er jetzt Bedürfnis.

In der Stille nahm er auf einmal andere Geräusche wahr. Draußen pfiff der Wind. Es prasselte hörbar aufs Dach. *Wahrscheinlich Schneeregen*, dachte er. In der Ferne bellte ein Hund. Man hörte ein Auto. Irgendwo im Haus klapperte jemand mit Töpfen, weit genug entfernt, um die Stille nicht zu stören.

———

Indem Friedhelm dasaß und seinen Gedanken freien Lauf ließ, begannen sich die Eindrücke der vergangenen Stunden zu ordnen. Manches trat in den Hintergrund, anderes rückte zusammen und bildete auf einmal ein sinnvolles Ganzes. Zusammenhänge wurden sichtbar. Schließlich kam wie aus einem dunklen, nicht erleuchteten Winkel eines Zimmers eine Erinnerung hervor:

Diese Szene mit Katharina heute früh am Esstisch. Das war irgendwie nicht glücklich gelaufen. Nein, mehr noch: Diesen Satz hätte er nicht sagen dürfen. Wirklich nicht. *Ich sollte das in*

Ordnung bringen, dachte er. Unwillkürlich schaute er hinüber zu dem Mädchen und stellte fest, dass sie ihn mit gerunzelter Stirn ansah. Er machte ihr ein Zeichen, das besagen sollte: *Ich würde gerne nachher noch mit dir reden.* Sie nickte. Gleichzeitig hellte sich ihr Blick auf, der Anflug eines Lächelns trat auf ihr Gesicht. *Schau an!*, dachte Friedhelm. *Wozu so eine Stille alles gut ist.*

Thomas, der anscheinend noch vor dem Vorschlag Christofs hinausgegangen war, kam wieder herein und setzte sich, ohne zu fragen und ohne ein Wort zu sagen, auf seinen Platz. Im selben Moment kam eine weitere Überlegung aus dem Inneren Friedhelms hoch. Aus seinem Unterbewusstsein heraus tauchte auf einmal das Gesicht des anderen Thomas auf. Er hatte wieder die Frage seiner Schwester im Ohr: »Kannst du dich nicht ein bisschen um deinen Neffen kümmern? Vor allem jetzt, wo er keinen Vater mehr hat?«

Er hatte sie abgewimmelt – mehr aus Unsicherheit als aus fehlendem Mitgefühl. Seiner Meinung nach war er zu jung, um den Ersatzvater spielen zu können. Jetzt auf einmal aber rückte wieder etwas zusammen, während anderes auseinandertrat. Doch. Das wäre schon ein Weg. Dieses eine jedenfalls könnte er schon machen. Es wäre nicht einmal ein Opfer für ihn. Ganz im Gegenteil.

Einen Sekundenbruchteil lang kam ihm der Gedanke, dass die eine Minute, die sie schweigen wollten, doch schon längst um sein müsste. Dann aber ging ihm eine Liedzeile durch den Kopf, die vorhin gesungen worden war:

Sollt uns Gott nun können hassen...

Hassen – *hassen*? Wer wird denn glauben, dass Gott ihn, Friedhelm...? Er führte den Gedanken nicht zu Ende.

Eine Stimme in ihm sagte: *Sei ehrlich! Genau das hast du gedacht.* Er sträubte sich gegen die Selbsterkenntnis.

Dann aber dachte er: *Wenn der Liederdichter so etwas schreibt, dann hat er sich die Frage auch schon einmal gestellt. Und das steht sogar im Gesangbuch.*

Ein merkwürdiges Gefühl der Befreiung erfasste ihn. Sich das eingestehen dürfen. Wahrhaftig sein dürfen – vor allem vor sich selbst.

Ja, er hatte das tatsächlich gedacht. Er hatte sich das wirklich gefragt, ob Gott nicht Thea hasste und den kleinen Thomas – oder wieso hatte er sonst diesen Unfall zugelassen, der ihnen den Ehemann und Vater weggenommen hatte?

Wieder sah er das Gesicht seiner Schwester und hörte ihre bittere Frage: »Wo ist denn jetzt die Liebe Gottes?«

Dann ging ihm die Liedzeile erneut durch den Kopf: *Sollt uns Gott denn können hassen, der uns gibt, was er liebt, über alle Maßen?*

Wie sagte doch Carsten vorhin bei der Bibelarbeit: »Dass Gott uns liebt, erkennen wir daran, dass er Jesus gesandt hat. An der Krippe – und am Kreuz!«

Sollt uns Gott nun können hassen, der uns gibt, was er liebt, über alle Maßen.

Friedhelm erinnerte sich daran, dass er wegen des frommen Programms beinahe gar nicht mitgefahren wäre auf diese

Freizeit. Weil er eigentlich gar keine Lust hatte, sich mit Gott zu beschäftigen. Im Grunde war er nur deshalb dabei, weil ihm die Gemeinschaft mit den anderen guttat. Das waren halt Menschen, mit denen er gerne zusammen war. Und das Singen tat auch gut, so wie das Beten und das Lesen in der Bibel. Die Gespräche. Doch.

Aber an dem geheimen Widerwillen hatte sich nichts geändert. Irgendwie konnte er Gott den Tod seines Schwagers doch nicht verzeihen.

Sollt uns Gott nun können hassen ...

Friedbert sann weiter über diese Liedzeile nach. Ein Bild trat vor sein inneres Auge: Ein armseliger Stall. Eine Krippe. Ein Mann. Eine Frau. Ein Säugling in der Krippe.

Sollt uns Gott nun können hassen, der uns gibt, was er liebt, über alle Maßen ... Wie ging diese Zeile noch weiter?

Gott gibt, meinem Leid zu wehren
seinen Sohn auf dem Thron
seiner Kraft und Ehren.

Oder so ähnlich.

Wieder trat ein Bild vor seine Augen: Das Kreuz. Der Mann am Kreuz. Die Dornenkrone.

Nein, Gott hasst nicht. Mich nicht. Meine traurige Schwester nicht. Ihren armen Alexander nicht. Und den kleinen Thomas auch nicht. Ob ich ihr das sagen soll? Oder ob ich sie das nächste

*Mal einfach nur in den Arm nehmen soll? Oder meinen Neffen auf
den Schoß? Oder...*

Friedhelm hing immer noch seinen Gedanken nach, daher
merkte er nicht, wie das Schweigen langsam nachließ. Wie die
Ersten in der Runde sich rührten – allerdings nur ein wenig.

»Ich glaube, jetzt können wir die Stille wieder aufheben!«, ertönte da die Stimme Christophs. »Es sind inzwischen schließlich schon zehn Minuten vorbei.«

Langsam kam wieder Bewegung in die Gruppe. Aber keiner
hatte es eilig, nun wieder irgendwelchen Geschäften nachzu-
gehen. Gesprochen wurde noch immer nicht.

Dann aber sagte Katharina etwas zu der neben ihr sitzenden
Laura. Ganz leise, und doch konnte jeder es hören: »Vielleicht
ist es ja kein Zufall, dass dieses berühmte Weihnachtslied *Stille
Nacht* heißt – und nicht *Laute Nacht*.«

Und sie wunderten sich

Vorlesezeit: ca. 4 Minuten

> Alle Leute, die den Bericht der Hirten hörten, waren voller
> Staunen.
> *Lukas 2,18*

»Sag einmal, was hältst du von der Geschichte?«

Wie immer, wenn sie auf Geschäftsreise gingen, hatten sich Alphaeus und Timaeus am Ortsende von Bethlehem getroffen. Die Esel waren schwer bepackt mit allerlei Waren, mit denen sie in Hebron Handel treiben wollten. Beide beschäftigte sie die merkwürdige Geschichte, die ihnen ein paar Hirten gestern erzählt hatten. Von Engeln, die sie gesehen hätten, und einem Kind in der Krippe, das angeblich der Heiland sein sollte. Und dazu hatten sie viele Fragen.

»Wenn ich mich recht entsinne, hieß es damals von Kaiser Augustus das Gleiche: Er sei der versprochene Retter«, sagte Timaeus. »Von wegen! Er lässt uns zählen, scheucht uns herum – manche Leute durch das halbe Kaiserreich – ohne danach zu fragen, was das für uns Menschen bedeutet! Denk doch nur an die vielen Flüche, die du zurzeit zu hören bekommst!«

Alphaeus ließ sich Zeit mit seiner Antwort. Dann meinte er: »Also, wenn das stimmt mit den Engeln, dann muss dieser

Retter anderer Art sein. Ein Mann wie Mose oder Elia oder wie David – aber nicht wie Augustus. *Wenn* es stimmt.«

»Ja eben, *wenn* es stimmt. Warum sollte Gott gerade die Hirten ausgewählt haben, um ihnen diese Nachricht überbringen zu lassen? Warum nicht uns oder irgendjemand Bedeutenden? Warum diese einfachen Hirten?«

»Das ist kein Grund, an der Aussage der Hirten zu zweifeln, Timaeus. Das ist Gottes freie Wahl. Schon Abraham wurde von Gott einfach auserwählt. Gideon, der Richter, war aus dem geringsten Geschlecht von Manasse und zudem noch der Jüngste unter seinen Geschwistern, und trotzdem hat Gott ihn auserwählt. David war auch der jüngste unter seinen Brüdern. Ähnliche Geschichten gibt es noch mehr im Gesetz und den Propheten, das weißt du selbst.«

Timaeus staunte. »Du bist ja ein richtiger Schriftgelehrter!«

»Nun ja, vielleicht ein wenig.«

An dieser Stelle wurde der Weg eng und unwegsam. Sie mussten die Tiere am Zügel führen und das Gespräch unterbrechen. Als die Strecke wieder besser wurde, nannte Timaeus sein nächstes Bedenken:

»Mir will es nicht in den Kopf, dass der Retter ausgerechnet in Bethlehem geboren sein soll und nicht in Rom oder wenigstens in Jerusalem. Das ist doch so ein unbedeutender Ort. Ein Nichts im Vergleich zu anderen Städten.«

Wieder widersprach Alphaeus: »Aber genau das ist in der Schrift vorhergesagt: ›Du, Bethlehem Efrata, bist zwar zu klein, um unter die großen Städte Judas gerechnet zu werden. Dennoch wird aus dir einer kommen, der über Israel herrschen soll. Seine Herkunft reicht in ferne Vergangenheit zurück, ja bis in die Urzeit.‹⁴«

»Beeindruckend, mein Freund. Aber trotzdem kann ich das nicht glauben, dass dieses kleine Kind, wenn es einmal groß wird, die Römer vertreiben wird.«

Und noch einmal war Alphaeus anderer Meinung: »In der Schrift, beim Propheten Sacharja, heißt es einmal: ›Nicht durch Gewalt und Kraft wird es geschehen, sondern durch meinen Geist.‹⁵ Und weiter: ›Denn wer hat die kleinen Anfänge verachtet? Sie alle sollen sich freuen, wenn sie den Schlussstein in Serubbabels Hand sehen.‹⁶ Das ist so Gottes Art. So wirkt er in dieser Welt.«

Wiederum gab es eine Engstelle. Danach kam das Gespräch zunächst nicht wieder in Gang, weil sie beide über das Gesagte erst einmal nachdenken mussten. Schließlich überraschte Timaeus seinen Freund mit einer ganz anderen Überlegung: »Vielleicht ist es ja gar nicht seine wichtigste Aufgabe, die Römer zu vertreiben.«

»Was denn dann?«, fragte Alphaeus, als Timaeus nicht weitersprach.

»Ich denke an so Leute wie Jonas.«

Nun versank Alphaeus in tiefes Schweigen. Jonas war der Bruder seines Freundes. Er war aussätzig. Vom normalen Leben ausgeschlossen. Die beiden Brüder konnten nur aus der Entfernung miteinander reden, obwohl sie herzlich miteinander verbunden waren.

»Oder denke an den Besessenen, der in den Höhlen vor unserer Stadt lebt. Und überhaupt: Die Römer sind doch gar nicht unser größtes Problem, sondern unser Unglaube und unser Ungehorsam.«

»Doch, da könntest du recht haben«, stimmte ihm sein Freund vorsichtig zu.

»Und so verstanden könnte dieses kleine Kind tatsächlich der versprochene Retter sein«, sagte Timaeus.

»Ja, du hast recht.«

Schweigend gingen sie nebeneinander her.

Plötzlich rief Alphaeus aus: »Erinnerst du dich an das Leuchten in den Augen der Hirten, als sie uns von dem Kind erzählt haben? Für mich ist das der sicherste Beweis, dass sie recht haben.«

Auch eine Art, Neujahr zu feiern

Vorlesezeit: ca. 7 Minuten

»Das begreife ich nicht!«, sagte Klara, kaum dass sie die Balkontür hinter sich angelehnt hatte. »Du willst Silvester allein mit deinem Mann feiern? Ohne irgendwelche Gäste, ohne deine Kinder, einfach nur zu zweit? Das kann doch nicht wahr sein!«

»Streng genommen feiern wir Silvester überhaupt nicht«, verbesserte Sandra ihre Schwägerin. »Wir werden etwas Gutes essen – aber nichts allzu Großartiges –, ich habe uns einen besonderen Wein besorgt und dann gehen wir ins Bett. Und zwar zur ganz normalen Zeit, also etwa um zehn Uhr.«

Es dauerte eine Weile, bis Klara diese Aussage verdaut hatte. Dann aber meinte sie etwas angriffslustig: »Ihr seid verrückt geworden!«

Sandra verdrehte die Augen. Dann meinte sie mit einer guten Portion humorvoller Ironie in der Stimme: »Ich glaube, ich kannte mal jemanden mit Namen Klara. Die hat laut und entschieden darauf bestanden, dass jeder das Recht hat, sein Leben so zu leben, wie er selbst es will, und dass man niemandem einen Vorwurf daraus machen darf, wenn er etwas anders macht als andere Leute, und ...«

»Treffer, versenkt«, knurrte Klara und hielt fürs Erste Schweigen.

Die beiden Frauen standen warm angezogen auf dem Balkon. Die Temperaturen mussten deutlich unter dem Gefrierpunkt liegen, beim Ausatmen sah man sehr deutliche Wölkchen. Aber beide hatten das Bedürfnis gehabt, noch einmal ein paar Minuten Frischluft zu schnappen. Unter ihnen, im Tal, hörte man einen Zug. Sie sahen hin. Dort, wo der Stromabnehmer der Lokomotive den Fahrdraht berührte, schlug er fast ununterbrochen einen wunderschön blau leuchtenden Funken.

»Siehst du den Funken?«, fragte Klara. »Das sieht aus, als verbreitet der Zug Weihnachtsfunkeln im Land.«

Sandra nickte nur und lächelte: »Ja, es sieht schön aus, oder?«

»Das stimmt.« Klara kramte eine Zigarettenschachtel heraus, fischte sich eine Zigarette heraus und steckte sie an.

»Jetzt musst du mir das aber doch noch einmal erklären«, begann sie nach dem ersten langen Zug erneut. »Weißt du, als ihr unsere Einladung ausgeschlagen habt, da dachte ich, ihr wäret schon wo anders eingeladen, oder ihr würdet selbst eine Feier geben. Aber dass ihr Silvester nicht feiern und zur normalen Zeit ins Bett gehen wollt, das verstehe ich wirklich nicht. Man will doch den Jahreswechsel miterleben. Das Feuerwerk sehen, mal ein bisschen ausgelassen sein – bedeutet euch das alles nichts?«

»Nein. Es bedeutet uns nichts«, meinte Sandra. »Die Silvesterknallerei habe ich in meinem Leben schon oft genug gesehen. Außerdem mache ich bei der Aktion *Brot statt Böller* mit. Wenn ich schon kein Feuerwerk unterstütze, ist es doch nur konsequent, dass ich auch nicht zusehen will. Im Übrigen gibt es hier im Sommer alle paar Wochen ein Feuerwerk, so oft, dass wir gar nicht mehr bei jedem dabei sind. Man könnte direkt meinen, der wichtigste Haushaltszweck unserer Kommune wäre es, die notleidende Feuerwerksindustrie zu unterstützen. Und was deine Ausgelassenheit betrifft: Ich habe das einmal vor Jahren erlebt, dass ein Stockwerk über mir Leute ausgelassen Silvester gefeiert haben – ich hatte eher das Gefühl, die decken etwas zu, worüber sie nicht nachdenken wollen.«

»Na gut. Aber nicht einmal den Jahreswechsel erleben?«

Sandra lachte: »Ich glaube, ich hatte dir das noch nie erzählt, oder? Ich war damals ganze sechzehn Jahre alt, da bin ich an Silvester auch zur normalen Zeit ins Bett. Ich weiß, es ist sehr erstaunlich. Ich weiß selbst nicht mehr genau, warum ich das gemacht habe. Es war mit der Jugendgruppe immer viel Trubel damals, den wir nie ausgelassen haben – eigentlich. Nun ja, vielleicht war ich ein wenig krank. Jedenfalls lag ich im Bett, als ich um Mitternacht durch die Ballerei und das Glockengeläut aufgeweckt wurde. Und dann habe ich gemeint, ich muss diesen Unfug machen, dass ich gute Vorsätze fasse für das neue Jahr.«

»Das mache ich bis heute«, warf Klara ein.

»Mach nur«, sagte Sandra. »Jedenfalls ist mir damals ein ganz anderer Gedanke gekommen. Ich habe gesagt...« Sie zögerte ein wenig. Dann gab sie sich einen Ruck: »Ich habe gesagt: Dieses Jahr soll Jesus gehören.«

Sandra wartete ab, ob eine Reaktion erfolgen würde. Es kam aber keine. Dann fuhr sie fort: »Das war mir durchaus ernst, obwohl ich heute denke, dass der wichtigste Schritt in meinem Glaubensleben zu diesem Zeitpunkt noch vor mir lag. Aber das Erstaunliche ist: Dieses Jahr war eines der wertvollsten meines Lebens. Damals habe ich sogar ein paar Sachen erlebt, die ich auch heute noch als Wunder ansehe. Und am Ende dieses Jahres dachte ich nur: Gerade *weil* dieses Jahr Jesus gehört hatte, hat es auch ganz und gar mir gehört. Genau aus diesem Grund war es so wertvoll für mich.«

Die beiden Frauen schwiegen eine Weile. Schließlich sagte Klara: »Mal ganz abgesehen davon, dass ich mit diesem frommen Zeug nichts anfangen kann – du glaubst doch nicht im Ernst, dass sich so etwas einfach wiederholen lässt?«

»Natürlich nicht«, stimmte Sandra zu. »Ich glaube aber, dass es kein Zufall ist, dass ein Jahr ganz anders gelingt, wenn man es in guter Weise beginnt, als wenn man einfach so hineinstolpert.«

Klara drückte ihre Zigarette aus. »Du meinst also, dass wir – ich und all die anderen – das Jahr nicht gut anfangen?« Ein kleiner Vorwurf lag in ihrem Ton.

»Was für dich gut ist, musst du selber wissen.« Sandra machte eine Pause. Dann fuhr sie fort: »Vielleicht kannst du es besser verstehen, wenn du einmal das Jahr mit einem Tag vergleichst: Wenn ich einen schweren Tag vor mir habe, dann achte ich darauf, dass ich bald ins Bett komme. Außerdem räume ich abends immer noch gerne alles auf, damit ich morgens den Tag nicht mit dem Dreck des vorigen Abends beginnen muss, sondern mich sofort meinen Aufgaben und Zielen zuwenden kann.«

»Das mache ich ähnlich«, stimmte ihre Schwägerin zu. »Man hat auch mehr Spannkraft und Schwung, wenn man frühmorgens aufsteht und nicht erst spät am Vormittag.«

Sandra machte eine bestätigende Handbewegung: »Eben! Und ich denke, dass es bei einem neuen Jahr genauso ist. Ich will früh und stark in das Jahr starten. Ich will mich den neuen Aufgaben zuwenden. Und nicht erst den Dreck des vergangenen Jahres wegräumen. So wie du – wie fast alle Menschen – das machen, ist es genau umgekehrt: Du verschläfst den halben Tag, weil du erst spät ins Bett gekommen bist, und dann musst du erst einmal das ganze Zeug vom Vorabend wegräumen, abwaschen und so weiter, einschließlich dem Dreck, der von der Schießerei stammt. Wenn du Pech hast, hast du auch noch einen Brummschädel. Kein vernünftiger Mensch würde so in einen Tag starten, für den er sich viel vorgenommen hat.«

Klara schüttelte den Kopf: »Ich will halt das vergangene Jahr schön abschließen!«

»Und ich will stark in das neue Jahr starten«, setzte Sandra dagegen.

Klara sagte nichts mehr. Unten fuhr wieder ein Zug, dieses Mal in die entgegengesetzte Richtung. Wieder schlug der Stromabnehmer einen blauen Funken.

»Schau, schon wieder«, sagte Sandra.

»Du hast recht«, meinte Klara, »das sieht richtig schön aus.«

Einer von uns

Vorlesezeit: ca. 5 Minuten

(Es gibt in Syrien eine ansehnliche christliche Minderheit, zu der auch die Hauptperson unserer Geschichte zu zählen ist. Die Stadt, aus der er geflohen ist, heißt Aleppo.)

Nie, nie würde er vergessen, was er erlebt und gesehen hatte. Allzu tief hatten sich die Bilder in seinem Inneren eingeprägt, zu sehr waren sie zu einem Bestandteil seines Lebens geworden.

Die zusammengeschossenen Stadtviertel von Aleppo.

Die zerstörten Kirchen und Moscheen.

Und der Suq, der Stolz der Stadt, der größte überdachte Basar der Welt, Teil des UNESCO-Weltkulturerbes, infolge des Bürgerkriegs weitgehend abgebrannt.

Die Gräueltaten: Gekreuzigte, tagelang öffentlich zur Schau gestellt zur Abschreckung. Die Folter. Die Granate, die in unmittelbarer Nähe seiner Wohnung eingeschlagen war und seine überstürzte Flucht erzwungen hatte.

Dann die Erfahrungen auf der Flucht. Die Überfahrt nach Europa im überfüllten Schlauchboot, die damit verbundene Angst um das Leben der Kinder, das Campieren im Freien, später in Zelten, wo es kalt war und durchregnete, die Toilettenhäuschen, die meist verschmutzt waren, das Schlangestehen, um sich registrieren zu lassen, der Transport in Gefängnisbussen, der Gestank – und immer wieder musste er noch froh sein, wenigstens das eine zu haben, was so viele andere verloren hatten: sein Leben und das seiner Familie.

Und jetzt Deutschland. Angekommen. In Sicherheit. Freundliche Helfer. Und dennoch Ungewissheit. Wie lange würde die Freundlichkeit anhalten? Wie lange würde er in der überfüllten Turnhalle bleiben müssen oder dürfen? Würde er Arbeit finden? Würde er überhaupt arbeiten dürfen? Wann würde er ein normales Leben führen können? Wann nach Syrien zurückkehren?

Dann fiel ihm ein, dass heute Weihnachten war. Sollte er es feiern? Oder besser: Wie konnte er es feiern? Er erinnerte sich an das Buch, das er im letzten Moment noch eingepackt hatte, das wichtige biblische Geschichten frei nacherzählte, für Kinder verständlich, aber ebenso für Erwachsene geeignet. Wie oft hatte er es auf dem langen Fußmarsch wegwerfen wollen? Jetzt war er froh darüber, es nicht getan zu haben.

Mühsam kramte er das Buch heraus und versammelte seine Familie um sich. Andere, die mitbekommen hatten, was da vor sich ging, schlossen sich an. Er schlug das Buch auf und fing an zu lesen.

Da geschah etwas Merkwürdiges: Die uralten Geschichten rührten etwas tief in ihm an. Die Worte begannen in seiner Seele zu klingen und wurden unerwartet wirklich. Immer wieder dachte er: *Genau wie bei uns!*

Er las von dem langen Weg, den Maria und Josef zurücklegen mussten – *wie bei uns*.

Von dem Wirt, der keinen Platz mehr besaß und nur noch den Stall anzubieten hatte, wo es hineinregnete und stank – und sie trotzdem noch froh darüber sein mussten – *wie bei uns*.

Er las von den Hirten und von den Engeln. Er las von dem Weg nach Betlehem und der Freude der Hirten. An dieser Stelle wollte er aufhören, denn die Weihnachtsgeschichte war zu Ende. Seine Kinder und alle anderen Zuhörer drängten ihn jedoch weiterzulesen. Also las er: von drei Königen, die den Stern gesehen hatten, und von Herodes, der das Jesuskind töten lassen wollte, und dann – ihm stockte der Atem – von der überstürzten Flucht:

Wie bei uns!

Er sagte laut: »Geht das jetzt so weiter?« Und eine Stimme aus der Runde sagte: »Ja! So geht es weiter.«

Unter Pontius Pilatus wurde Jesus ausgepeitscht, bespuckt, mit Fäusten und mit einem Rohrstock geschlagen, verspottet und mit einer Dornenkrone gequält – wie schmerzhaft musste das gewesen sein! Mit anderen Worten: Jesus wurde gefoltert – *wie die Menschen bei uns* –, wurde zu Unrecht gekreuzigt – *wie manche meiner Landsleute bei uns*.

Zum ersten Mal wurde ihm bewusst: Der Sohn Gottes war wirklich einer von uns – oder genauer: Er *ist* einer von uns.

Er schwieg eine Weile lang. Dann sagte er: »Es mag komisch sein – aber für mich ist es ein Trost, dass es Jesus genauso erging wie uns.«

Die meisten seiner Zuhörer nickten.

Schuldig

Vorlesezeit: ca. 5 Minuten

Was er auch tat, er dachte an Helga.

Er fuhr Auto und dachte an Helga. Er saß am Schreibtisch und dachte an Helga. Er ging spazieren und dachte an Helga.

Ludwig Förster fühlte sich schuldig. Warum hatte er eigentlich fast täglich bis tief in die Nacht gearbeitet, in der Regel sogar am Sonntag? Warum musste er eigentlich immer alles kontrollieren? Warum hatte er nicht vieles einfach seinem Stellvertreter überlassen? Der war doch ein fähiger Mann, genauso wie seine anderen Untergebenen. Jetzt, wo er wegen der Trauer um seine Frau deutlich weniger arbeiten konnte, ging es doch auch. Letztens hatte er zufällig ein Gespräch zweier Mitarbeiter belauscht, die sich darüber ausließen, dass es viel schöner sei, seitdem sie selbstständig arbeiten könnten und sie so auch mehr leisten würden – eine Aussage, die ihn sehr getroffen hatte. Demnach war er nicht nur an seiner Frau schuldig geworden, sondern auch an seinen Angestellten.

Helga hatte im Grunde immer für ihn gelebt, war ständig für ihn da gewesen, hatte ihre Interessen immer wieder hintangestellt. Und wie hatte er es ihr gedankt? Kaum einmal hatte er ihr Blumen mitgebracht. Kaum einmal hatte er Zeit für sie gehabt. Warum waren sie nie ins Theater gegangen, nie in ein Konzert? Nur ganz selten in die Natur? Letztens hatte er auf einem Spaziergang ein Reh gesehen, das mit weiten Sätzen davonsprang – wie gerne hätte er das zusammen mit seiner Frau erlebt. Aber jetzt war es zu spät.

Doch, er war schuldig geworden. An Helga zuallererst. Dann aber auch an seinen Mitarbeitern. An der Institution der Ehe. Und an Gott! An Gott, weil er viel zu wenig geliebt hatte. An Gott, weil er das dritte Gebot nie eingehalten hatte. Und weil er den Feiertag nicht eingehalten hatte, hatte er auch nie Zeit für Helga gehabt. Er hatte sein Trauversprechen gebrochen, obwohl er nie fremdgegangen war.

Als er erkannte, dass er an Gott schuldig geworden war, hatte ihn ein Schauder überfallen, obwohl er bis dahin nicht so recht an Gott geglaubt hatte.

Fortan ging er jeden Sonntag in die Kirche. Seine Frau war beinahe wöchentlich zum Gottesdienst gegangen. Er war immer dagegen gewesen. Auch das tat ihm heute leid. Jedenfalls empfand er den Kirchenraum als wohltuend. Außerdem hatte er das Gefühl, gerade dort Helga nahe zu sein.

In der Adventszeit – noch immer ging er regelmäßig in den Gottesdienst – ereignete sich etwas Merkwürdiges: Mehr als einmal geschah es, dass in den Liedern genau sein Problem angesprochen wurde. Lag es daran, dass er für dieses Thema besonders empfänglich war, oder war es gar Gottes Führung? Er wusste es nicht. Doch es war Tatsache.

Zunächst war da diese Liedzeile:

> Wer schuldig ist auf Erden,
> verhüll nicht mehr sein Haupt.
> Er soll errettet werden,
> wenn er dem Kinde glaubt.[7]

Diese Liedzeile löste in Ludwig zunächst Verwirrung aus. Musste er denn errettet werden? War das denn nötig? Erst nach einigem Nachdenken kam er zum Ergebnis, dass es tatsächlich stimme. Dann erst verstand er auch den vorderen Teil des Satzes, wonach der gerettet wird, der Jesus glaubt.

Ein schlechtes Gewissen ist ein hartnäckiger Zeitgenosse. Nur wenige Tage später quälte ihn erneut, was er getan oder besser unterlassen hatte. Wiederum stellte sich die Warum-Frage. Dann aber ging er wieder in den Gottesdienst. Auch dieses Mal kam sein Thema zur Sprache:

> Auch dürft ihr nicht erschrecken
> vor eurer Sünden Schuld;
> nein, Jesus will sie decken
> mit seiner Lieb und Huld.[8]

Auch dies eine Befreiung, wenn auch nur für kurze Zeit.

Weihnachten kam. Dieses Mal passierte es gleich zweimal. Zunächst sang er:

Wer sich fühlt beschwert im Herzen,
wer empfind't seine Sünd und Gewissensschmerzen,
sei getrost: hier wird gefunden,
der in Eil machet heil die vergift'en Wunden.[9]

Dann aber kam der Vers, der ihm endgültig Frieden geben und sein Leben nachhaltig verändern sollte:

Wann oft mein Herz im Leibe weint
und keinen Trost kann finden,
rufst du mir zu: »Ich bin dein Freund,
ein Tilger deiner Sünden.
Was trauerst, du o Bruder mein?
Du sollst ja guter Dinge sein,
ich zahle deine Schulden.«[10]

Er hatte es so oft gehört, doch jetzt drang es in sein Herz. Immer wieder in verschiedenen Worten hatte er es vernommen. Es musste auch ihm gelten. Ja, jetzt glaubte er.

Hinterher, nach diesem Gottesdienstbesuch war er befreit. Freilich, er trauerte immer noch um Helga, um die verpassten Lebensmöglichkeiten. Ja, er fühlte sich durchaus auch schuldig. Und doch war alles anders.

Er hatte seinen Frieden gefunden.

Weihnachten 1916

Vorlesezeit: ca. 3 Minuten

Der Angriff, den unsere Leute am Heiligen Abend angesetzt hatten, um die Deutschen zu überraschen, schlug fehl. Die Aufmerksamkeit unserer Feinde war ungebrochen. Das einzige Ergebnis waren einige Tote und Verwundete auf unserer Seite. Und zu diesen Verwundeten gehörte ich. So lag ich nun irgendwo im Niemandsland zwischen den Fronten und rechnete mit meinem Tod.

Trotzdem rief ich um Hilfe – wenn mein hilfloses Stöhnen als Rufen bezeichnet werden konnte. Ich hoffte natürlich, dass mich die Engländer finden würden. Stattdessen kamen die Deutschen. Sie holten mich in ihren Unterstand, es gab ein kurzes Hin und Her, dann wandten sie sich mir zu. Sie gaben mir etwas zu trinken, nannten mich Kamerad und versuchten mich zu trösten. Ich fühlte mich aufgenommen, als gehörte ich dazu. Vor wenigen Stunden erst hatten wir aufeinander geschossen – und jetzt das! Auch wenn ich diese Nacht nicht überleben sollte, kam es mir vor, dass sterben viel leichter sei, wenn man nicht allein ist.

Dann entdeckte ich den Weihnachtsbaum. Natürlich keinen echten, sondern einen zum Zusammenstecken. Aber immerhin ein Baum mit Kerzen. Ich sah ihn sehnsüchtig an – schließlich ging es aufs Sterben zu. Dieses Mal gab es eine

Diskussion, ja geradezu ein regelrechtes Wortgefecht unter den Deutschen, das ich nicht verstand. Nur von ihren Gesten her konnte ich erkennen, dass es um den Christbaum ging, und zuletzt wurde er auch angezündet.

Auf einmal fiel mir mein kleines Neues Testament ein, das ich in meiner Hosentasche bei mir trug. Die Granate hatte es nicht zerfetzt. Mir kam der Gedanke, dass mir einer der Deutschen noch die Weihnachtsgeschichte vorlesen könnte, bevor es so weit war. Es dauerte sehr lange, bis sie mich verstanden hatten, und ebenso lange, bis sie sowohl die Weihnachtsgeschichte gefunden hatten als auch jemanden, der genug Englisch sprach, um sie mir vorlesen zu können. Sein Englisch war grauenvoll – aber mein Deutsch wäre noch viel schlimmer gewesen. Doch gerade weil sein Englisch so schlecht war, rührte es mich an: So viel Mühe gaben sie sich. Manchmal konnte ich Worte nur verstehen, weil ich den Wortlaut kannte. Aber schließlich war es geschafft. Nun konnte ich beruhigt sterben.

Als ich schließlich doch wieder aufwachte, wusste ich zunächst nicht, wo ich mich befand. Stimmen, die ich nicht verstand, eine Sprache, die mir fremd war. Dann begriff ich: Ich lag in einem deutschen Lazarett. Nun wurde mir manches klar. Als ich während der Nacht wider Erwarten doch nicht gestorben war, hatte man mich schließlich hierhergebracht und notdürftig zurechtgeflickt. Von Heilung konnte angesichts meiner schweren Verletzungen keine Rede sein. Es sei ein Wunder, dass ich noch lebe, erklärte mir der Arzt später.

Ein Wunder. Ja, es war ein Wunder, dass mich meine Feinde so kameradschaftlich aufgenommen hatten.

Friede auf Erden, wenn auch nur für eine Nacht.

Winterliche Zugfahrt

Vorlesezeit: ca. 6 Minuten

Roland bestieg den Zug, suchte nach einem passenden Sitzplatz – und traf unverhofft auf seine Cousine Astrid. Die beiden hatten sich schon lange nicht mehr gesehen, doch sie hatten sich stets gut verstanden. Nachdem er sein Gepäck verstaut und sich gegenüber seiner Cousine niedergelassen hatte, kamen sie schnell ins Gespräch miteinander – über das allgemeine Befinden, das jeweilige Reiseziel und dergleichen.

Unter leichtem Erröten bekannte Astrid, auf eine christliche Freizeit zu fahren, weil sie dringend »geistlich auftanken« müsse, wie sie sich ausdrückte. Roland wiederum erzählte von einem Konzert, das er besucht hatte, dem *Messias* von Händel. Von seinen Melodien und Texten war er noch ganz erfüllt.

Dann aber wandte sich ihre Aufmerksamkeit der prachtvollen Winterlandschaft zu, die vor ihrem Fenster vorbeizog. Der Nebel verlieh der Umgebung ein geheimnisvolles Aussehen. Die Fluren wirkten wie mit Puder überzuckert, die Zweige dick bereift. Vor allem Astrid, die sich eine fast kindliche Fähigkeit zum Staunen bewahrt hatte, war begeistert. Schließlich fuhr der Zug über einen sehr hohen Damm. Tief unten in der Kurve lag eine Ortschaft. Da kam Roland ein Gedanke:

»Siehst du das Dorf da unten, Astrid? Das erinnert mich an den *Messias* von Händel. Da gibt es eine Passage, die lautet:

›Alle Tale macht hoch und erhaben und alle Berge und Hügel tief‹[11]. Bei so einer Eisenbahnstrecke ist es doch genauso: Hindernisse werden beseitigt, Brücken gebaut, Tunnel gebohrt, damit dort einmal Züge fahren können.«

»Nun ja«, widersprach Astrid, »bei Händel geht es aber nicht um die Eisenbahn, sondern um Gott, dem der Weg bereitet werden soll. Und wenn ich das vergleiche – wie viel Aufwand wir für den Bau einer Bahnstrecke betreiben und wie wenig dafür, dass Gott kommen kann, dann ist das doch eigentlich eine Schande.«

Es war still im Abteil. Schließlich fragte Roland: »Und wie bereitet man Gott den Weg?«

Die Cousine zögerte. »Indem man sich von der Sünde abwendet«, meinte sie schließlich.

„Und das soll so gewaltig sein wie der Bau einer Eisenbahnstrecke?«

»Leider Ja. Ich habe einmal etwas sehr Schlimmes getan – davon umzukehren war ein riesiger Schritt!«

Jetzt war es an dem Cousin zu staunen. Seine so kindlich wirkende Cousine soll eine schlimme Sünde begangen haben? Ihr Gesichtsausdruck ließ aber keinen Zweifel zu – es musste wahr sein! Nach diesem überraschenden Geständnis kam das Gespräch erst einmal zum Erliegen. Jeder hing seinen Gedanken nach. Dann sagte Astrid plötzlich:

»Schau, da fährt ein anderer Zug!«

»Nein«, widersprach ihr Cousin: „Das sind wir!« Astrid sah genauer hin – ja, es stimmte! Eine leichte Schneefahne hinter sich herziehend, fuhr der Zug durch eine 180-Grad-Kurve und war vollständig zu sehen – ein großartiges Bild!

»Wie lang mag der wohl sein?«, fragte sie.

»Vielleicht zweihundert Meter, zusätzlich zur Lok.« Vor die Waggons gespannt war ein blaues Triebfahrzeug, eine 110, wie Roland schon beim Einsteigen sofort erkannt hatte. Seine Cousine hing jedoch ganz anderen Gedanken hinterher:

»Die arme Lok! Ist selbst so klein und muss den ganzen langen Zug ziehen!«

Roland musste lachen. »Aber Astrid! Das ist doch eine Maschine! Kein Mensch und auch kein Tier. Außerdem ist sie für genau solche Zwecke gebaut worden.«

»Bekommt die auch einmal eine Pause?«

»Nicht wirklich. Soviel ich weiß, kann diese Lok diesen Zug von München bis nach Hamburg ziehen.«

»Aber wenigstens auftanken muss sie von Zeit zu Zeit, oder?«

Abermals musste Roland lachen. „Astrid! Das ist eine E-Lok. Die nimmt ihre Kraft nicht aus dem Tank, sondern aus der Oberleitung. Eine Kraft übrigens, die mindestens doppelt so hoch ist wie bei Diesellokomotiven. Allerdings – wenn die Verbindung zum Fahrdraht abreißt, bleibt die Lok stehen.«

Da sprang ihn ein Gedanke an: „Du hast vorhin davon gesprochen, dass du geistlich auftanken willst – wie eine Diesellok. Mir scheint aber, du solltest es so machen wie eine E-Lok: Dauerhaft in Verbindung bleiben mit deiner Kraftquelle.«

Die Cousine versank in tiefes Schweigen. Dann aber stellte sie selbst eine verblüffende Überlegung an: »Wir haben doch auch darüber nachgedacht, warum Sünde so schlimm ist. Nun, vielleicht ist es mit der Sünde ja so ähnlich wie mit der Eisenbahn: Die Sünde sorgt dafür, dass die Verbindung zu Gott abreißt oder beschädigt wird – wie die E-Lok bleibt man dann von einem Moment auf den anderen stehen.«

Der Zug beendete seine Kurvenfahrt und erreichte zwei Stunden später seinen Zielbahnhof – ohne auch nur einmal den Kontakt zu seiner Oberleitung verloren zu haben.

Der Beter

Vorlesezeit: ca. 10 Minuten

Man will es nicht glauben. Ganz unvorstellbar ist es, dass dieser lebenskräftige Mann schon fast fünfzehn Jahre im Ruhestand sein soll. Er spricht schwungvoll. An Antriebskraft fehlt es nicht. Dann aber, ziemlich bald schon, erhebt sich Harald Schnabel und besteht darauf, das Gespräch im Stehen oder Gehen weiterführen zu können. »Die Bandscheiben, wissen Sie...« Deshalb ja auch der Ruhestand.

Gerade erst ist er von einem Spaziergang wiedergekommen. Täglich macht er zwei große Runden, wenn es das Wetter halbwegs zulässt. Dazwischen sitzt er im Sessel, steht am Stehpult, geht in der Wohnung umher. Womit beschäftigt er sich dabei? Eine etwas ungewöhnliche Sache ist es, die sich der bald Sechzigjährige zu eigen gemacht hat. Er betet. Jede Woche fünfmal, jeden Tag acht Stunden.

»Als ich noch zur Arbeit ging, war das auch mein Pensum«, sagt er. »Es tut mir gut, dass ich meine Tätigkeit so ernst nehme wie früher meinen Beruf.«

Er billigt sich insgesamt fünf Wochen Urlaub zu jedes Jahr – was allerdings nicht heißt, dass er in dieser Zeit überhaupt nicht betet. Zunächst kann man es sich gar nicht vorstellen, dass es so viel zu beten geben soll. Aber dann fängt Schnabel an aufzuzählen. Er bewegt sich vom Kleinen ins

Große, von dem, was ihm ganz nahe ist, zu dem, was weiter weg ist für ihn: für sich selbst, seine Frau und die Kinder, seine Schwiegerkinder und Enkel, die restliche Verwandtschaft, die Nachbarn, Freunde und auch seine Feinde. Dann macht er weiter mit der Stadt, den Schulen und Ämtern, dem Landkreis, dem Land, dem Volk, betet für die Regierungen, die Kirche und Missionare. Dann schaut er zu den Krisengebieten der Welt, zu den Katastrophenländern und der Arbeit von Hilfsorganisationen.

»Vierzig Stunden die Woche werden da schnell voll«, schließt er seine Aufzählung ab.

Genauer gesagt: fünfunddreißig Stunden. Jeden Tag rechnet der Beter ungefähr dreißig Minuten ein, um Informationen zu sammeln. Er studiert die Zeitungs- und Mitteilungsblätter und fragt bei Bekannten nach, wie die Dinge stehen. Genauso viel Zeit dient der Fortbildung: Schnabel überlegt, wie und wofür er beten soll. Er meditiert über Gebetssammlungen, Gesangbuchliedern und Psalmen. Vor allem aber sucht er in der Bibel, wie und wofür denn eigentlich Jesus, die Apostel, Propheten und andere große Gottesleute gebetet haben. Er will für sein eigenes Beten lernen.

Zwei Beispiele nennt er: Paulus bittet etwa darum, dass die Liebe der Christen noch reicher an Erkenntnis und Erfahrung werde – und in diesem Sinne betet jetzt auch Harald Schnabel, wenn er von Problemen in Beziehungen oder von Ehekrisen hört. Und auch dann, wenn Eltern Schwierigkeiten mit ihren Kindern haben und bei vergleichbaren Fällen.

»Es passt fast immer«, sagt er, »übrigens auch bei funktionierenden Beziehungen, nicht nur bei den gefährdeten.«

Und dann ist ihm die Stelle ein guter Anhaltspunkt geworden, was Jesus zu Petrus kurz vor seiner Gefangennahme sagt: »Ich habe für dich gebetet, dass dein Glaube nicht aufhöre.« Genauso betet er jetzt, wenn jemand etwas Schweres durchmachen muss oder wenn Menschen Dinge erleben, die scheinbar nicht mit dem Glauben an Gott zusammenpassen.

Sich Dinge abschauen – so könne er viel lernen für sein eigenes Beten, versichert Schnabel. Überhaupt müsse man gut überlegen, wofür man bitte: »Da hatte ich zum Beispiel einen Bekannten, von dem jeder, der ihn kannte, sagte: ›Du kriegst noch einen Herzinfarkt! Du gönnst dir keine Ruhe, missachtest deine Bedürfnisse, rauchst, trinkst Kaffee ohne Ende – das geht auf Dauer nicht gut!‹ Dann kam der Herzinfarkt tatsächlich. Beinahe wäre er gestorben, aber er hat überlebt. Sollte ich da einfach nur beten, dass er wieder gesund wird? Nur, damit es hinterher genauso weitergeht wie vorher? Ich bin doch nicht verrückt! Ich habe gebetet, dass er endlich seine Grenzen annimmt, aufhört, selbst Gott zu spielen, und anfängt, gesünder zu leben.«

Gerade in diesem Fall habe er wirklich sehen dürfen, dass das Gebet erhört worden ist. Es geschehe aber schon öfters, dass Dinge, für die er gebetet hat, erhört werden. Aber oft müsse er sich daran halten, dass Gott es versprochen habe, Gebet zu hören.

Wie kommt jemand dazu, eine solche Aufgabe zu übernehmen und dabei sich selbst solche klaren Richtlinien zu geben?

Harald Schnabel erzählt. Er schildert, wie es ihm ging nach der unfreiwilligen Pensionierung. Wie er gelitten hat, weil er scheinbar nicht mehr gebraucht wurde und weil er mit so viel freier Zeit nichts anzufangen wusste. Er hatte sich noch stark genug gefühlt, um tätig zu sein, aber konnte keine Möglichkeit entdecken, wie. Schnabel spricht von dem Gefühl, zu ersticken an der eigenen Energie, die nach außen drängte und nicht konnte. Dazu kamen die Schmerzen, die leichter zu ertragen seien, wenn man mit etwas beschäftigt ist.

Schließlich war es Weihnachten geworden. Weil er immer noch nicht lange am Stück sitzen konnte, hatte er beschlossen, dieses Jahr ausnahmsweise zu Hause zu bleiben. Er schaltete das Radio ein. Ganz wollte er an diesem Heiligen Abend auch nicht verzichten, auf die feierliche Atmosphäre eines Festgottesdienstes. Seine geliebten Weihnachtslieder, die Gebete, die Geschichte von der Geburt unter derart dramatischen Voraussetzungen.

Als der Pastor mit seiner Predigt anfing, freute sich Harald Schnabel, diese warme Stimme zu hören. Es begab sich aber zu der Zeit – gleich würden die vertraute Verse zu hören sein.

Der Pfarrer begann: »Ich lese aus dem Evangelium nach Lukas: Im Tempel befand sich auch Hanna, eine Prophetin. Sie war eine Tochter Phanuëls aus dem Stamm Asser und schon sehr alt. Hanna war Witwe. Ihr Mann war nach nur sieben Jahren Ehe gestorben. Jetzt war sie vierundachtzig Jahre alt.«[12]

Harald Schnabel war aus seinem Sessel aufgestanden und einen Schritt auf das Radio zugegangen. Wer war Hanna? Und was hatte diese Frau mit so einer traurigen Geschichte mit Weihnachten zu tun? Er war verwundert, auch etwas Ärger sei in ihm hochgestiegen, dass seine Erwartung enttäuscht worden war. Schon wieder war er unfreiwillig in eine ganz andere Richtung gestoßen, als er eigentlich gehen wollte. Wäre er doch nur mit den anderen hier in den Gottesdienst gegangen.

Der Pfarrer griff jetzt die Geschichte wieder auf und las weiter aus der Bibel vor: »Hanna verließ den Tempel nie mehr, sondern diente Gott dort Tag und Nacht mit Fasten und Beten. Als Simeon mit Maria und Josef sprach, ging sie vorbei und begann, Gott zu loben. Allen, die auf die verheißene Erlösung Israels warteten, erzählte sie von Jesus.«[13]

Harald Schnabel erzählt, wie ihn diese Worte trafen, dass er wie vom Donner gerührt der Predigt lauschte. Kein Leben sei nutzlos, hatte der Pfarrer seine Weihnachtspredigt abgeschlossen. Keiner sei zu alt, zu krank, zu mickrig, zu klein. Das sei die Botschaft von Jesus in der Krippe: Er machte sich klein, arm, gering. Und das war die Hoffnungsbotschaft von Hanna, der alten Frau im Tempel: Sie verbarg sich nicht verstummt in ihrem Kummer. Sie diente Gott durch Fasten und Beten und erwartete die Ankunft des Messias!

»Am folgenden Tag waren wir bei einer Verwandten zum Weihnachtsessen eingeladen«, sagt Schnabel.

Natürlich konnte er auch dort nicht die ganze Zeit sitzen und so kam es, dass er ein wenig vor dem Bücherregal stand. Seine Gedanken waren von der gestrigen Predigt noch sehr aufgewühlt. Kein Leben sei nutzlos – auch seins nicht, jetzt, wo er sich so nutzlos fühlte? Er ging vor dem Regal etwas auf und ab und hing seinen inneren Fragen nach. Dabei fiel ihm wie beiläufig ein Buch in die Hände, von einem Mann, der ein überaus tätiges und aktives Leben in Beruf und Kirche hinter sich gelassen hat, um in ein Kloster in der Wüste zu gehen. Gott habe zu ihm gesagt: »Ich will nicht mehr dein Handeln, ich will dein Beten.« Und: »Es gibt etwas, das größer ist als dein Handeln, dein Beten.«

Der Mann war zu diesem Zeitpunkt ungefähr in dem gleichen Alter wie Harald Schnabel damals: Mitte vierzig. Da erinnerte sich Schnabel auf einmal an seine Jugend. Es hatte eine Zeit gegeben, da war er im CVJM gewesen. Sogar aktiv, mit Leib und Seele. Damals hatte er gebetet und in der Bibel gelesen. Eine Gruppe geleitet. Das war zwar nicht völlig verloren gegangen, aber doch fast.

»Es war, als ob Gott zu mir das Gleiche sagen würde wie zu jedem Mönch«, erinnert sich Schnabel, »als rufe Gott ihn in den Tempel zum Beten, wie er Hanna gerufen hatte.«

Und so fing er an zu beten.

Natürlich nicht gleich vierzig Stunden jede Woche. »Wenn man jahrelang seine Beine fast nur zum Gasgeben, Kuppeln und Bremsen hernimmt, kann man auch nicht sofort eine Tageswanderung über vierzig Kilometer machen.«

Anfangs waren es vielleicht dreimal fünf Minuten am Tag gewesen. Aber es wurde schnell mehr. Harald Schnabel ist überzeugt davon, dass Beten etwas nützt. Er nennt einige Beispiele und gibt selbst zu, dass das keine Beweise seien. Man könne eben nie stichhaltig begründen, dass gerade das eigene Gebet die eigentliche Ursache sei.

Er aber glaube daran: »Gott hat es versprochen.«

Anmerkungen

[1] Lukas 2,16 LUT.
[2] Sacharja 3.
[3] Die Geschichte ist nachzulesen in Matthäus 15,21-28.
[4] Micha 5,1.
[5] Sacharja 4,6.
[6] Sacharja 4,10.
[7] Evangelisches Gesangsbuch 16,2.
[8] Evangelisches Gesangsbuch 11,8.
[9] Evangelisches Gesangsbuch 36,8.
[10] Evangelisches Gesangsbuch 37,5.
[11] Vgl. Händel, Der Messias, Teil 1, Abschnitt 1.
[12] Lukas 2,36-37.
[13] Lukas 2,38-39.

Klaus Sauerbeck

Stille Nacht, heilige Nacht
Die Geschichte eines Liedes

Gebunden, 12,4 x 18,7 cm, 96 Seiten
Nr. 395.801, ISBN 978-3-7751-5801-5

Klaus Sauerbeck erzählt feinfühlig die Geschichte des Liedes »Stille Nacht, heilige Nacht«.
Der Lausbub Joseph Mohr wird völlig unerwartet Kaplan. Das Schicksal von Maria, Anton und einem unehelichen Kind inspiriert ihn zum Dichten der Liedverse.

Albert Frey (Produzent),
Lothar Kosse (Produzent)

Advent & Weihnachten –
Das Liederschatz-Projekt

CD
Nr. 097.387, €D 16,99

Für die Weihnachtsausgabe des Liederschatz-Projekts haben die Produzenten Albert Frey und Lothar Kosse 12 Advents- und Weihnachtslieder ausgewählt und in modernen Arrangements neu aufgenommen. Mit bekannten Solisten wie Anja S. Lehmann, Juri Friesen u. a.

Bitte fragen Sie in Ihrer Buchhandlung nach diesen Titeln!
Oder schreiben Sie an: SCM Hänssler in der SCM Verlagsgruppe
GmbH, D-71087 Holzgerlingen; E-Mail: info@scm-haenssler.de;
Internet: www.scm-haenssler.de